Schritt für Schritt

Vater werden

Der Ratgeber für dein größtes Abenteuer:

Du wirst Papa!

Marie Heuer-Schulz

1. Auflage

2021

ISBN: 978-3-949256-07-3

Inhaltsverzeichnis

Tik Tok, Tik Tok...

– wie lange musste man gleich nochmal warten, bis ein aussagekräftiges Ergebnis auf dem Schwangerschaftstest zu sehen ist? Eine Minute? Zwei Minuten? Der Beipackzettel sagt ganz klar und deutlich drei Minuten. Ein Blick auf die Uhr verrät, dass noch zwei Minuten fehlen, um die drei Minuten Wartezeit auszufüllen und nervös trittst du von einem Bein auf das andere.

Die Zeit scheint nicht zu vergehen und du musst dich zwingen den Stick aus Kunststoff und einem Stück Papier nicht die restlichen 120 Sekunden lang intensiv anzustarren – mal ganz davon abgesehen, dass sich ein solcher Gegenstand wohl kaum hypnotisieren lässt.

Es ist soweit. Die drei Minuten sind um. Der Moment, auf welchen du die letzten Minuten die ganze Zeit gewartet hast ist da und dennoch kannst du dich jetzt nicht überwinden auf den Stick zu schauen.

So banal es auch erscheinen mag – ein Blick auf ein Stück Kunststoff sollte nicht so aufregend sein, doch dieser Stick entscheidet über deine Zukunft und über das Leben von dir und deiner Partnerin.

Du nimmst nun all deinen Mut zusammen und lässt deinen Blick nach unten sinken – auf das Waschbecken, auf welchem der Stick liegt. Da sind sie – die beiden Streifen, welche ein Kreuz bilden. Klar und deutlich lässt es sich ablesen. Es ist nicht zu verkennen – deine Partnerin ist schwanger und in neun Monaten wirst du Papa eines kleinen Babys sein.

Freude, Angst, Panik, Ungewissheit und Unsicherheit machen sich in dir breit – du bekommst einen Einblick darüber, wie sich deine Partnerin in den nächsten neun Monaten fühlen wird. Denn, eine Schwangerschaft bedeutet nicht nur, dass dein Baby im Körper deiner Partnerin heranwächst, sondern auch ein sehr großes Chaos an Hormonen und Gefühlen.

Umso wichtiger ist es, dass du dich als werdender Vater nicht nur damit auseinandersetzt, wie du mit deinem neugeborenen Kind umgehst, sondern es ist auch wichtig zu wissen, was während der Schwangerschaft mit deiner Partnerin und deinem Baby passiert und wie du ihr unterstützend unter die Arme greifen kannst.

Denke immer daran, dass deine Partnerin dein ungeborenes Baby in ihrem Körper trägt. Ihr Körper verändert sich, die Hormone werden immer wieder die Kontrolle über ihre Stimmungslage nehmen und allgemein wird sie sich manchmal der Situation vollkommen ausgeliefert fühlen. Die Schwangerschaft betrifft nicht nur deine Partnerin, welche Mama wird, sondern die kommenden neun Monate sind auch für dich welt- und lebensverändernd, denn du wirst Papa. In neun Monaten werden kleine Babyhände nach deinen großen Fingern greifen, kleine Augen werden in deine schauen und dein Herz mit so viel Liebe erfüllen, wie du niemals gedacht hättest verspüren zu können.

Mache dich bereit auf eine spannende, intensive und wunderschöne Zeit und lasse dich von diesem Buch durch die Schwangerschaft und die ersten Wochen des Babys leiten.

Die Phasen der Schwangerschaft

Viele Menschen stellen sich mit dem positiven Schwangerschaftstest vor, dass der Bauch der Frau von einen Tag auf den anderen wächst. Allerdings ist dem nicht der Fall und in den ersten 4 bis 5 Monaten der Schwangerschaft kann man als Außenstehender oft gar nicht sehen, dass eine Frau schwanger ist. Denn der Bauch der Frau fängt oft erst nach den ersten 4 bis 5 Monaten an, wirklich zu wachsen. Grund dafür ist, dass das ungeborene Baby in den ersten Monaten der Schwangerschaft sehr klein ist und somit nicht viel Platz im Inneren des Bauches der Frau einnimmt. Das ändert sich mit den weiteren Monaten der Schwangerschaft und nicht nur das Baby im Inneren des Bauches deiner Partnerin, sondern auch der Bauch der Partnerin selbst wird wachsen.

Die Schwangerschaft ist eine interessante und spannende Zeit, in welcher viele Dinge mit deiner Partnerin und deinem Baby passieren. Vielleicht kannst du bei dir feststellen, dass dein kleiner Bauch immer größer wird und du sozusagen mit deiner Partnerin zusammen schwanger bist. Das ist ein ganz bekanntes und weit verbreitetes Phänomen – wenn die Frauen schwanger sind, sind die Väter oft mitschwanger und legen ein kleines Bäuchlein an.

Behalte dabei allerdings im Hinterkopf, dass das Bäuchlein mit der Geburt deines Babys nicht auf einmal weggeht, wie es bei der frischgebackenen Mutter der Fall ist – Schokolade, Chips oder auch Bier musst du dir hart wieder abtrainieren.

Wie lange dauert eigentlich eine Schwangerschaft?

Eine Frage, welche vielen Menschen überflüssig erscheint, da die Antwort bereits klar zu sein scheint, ist die Frage danach, wie lange eine Schwangerschaft eigentlich dauert.

Na, was denkst du? Die Antwort schein klar zu sein – natürlich dauert eine Schwangerschaft neun Monate! Das weiß doch jeder. Oder?

Um ganz genau zu sein, dauert eine Schwangerschaft nicht neun Monate, sondern zehn! Denn die drei Drittel, in welche sich eine Schwangerschaft einteilen lässt, dauern in der Summe 40 Wochen, also 280 Tage an. Natürlich muss in diesem Zusammenhang immer bedacht werden, dass jede Frau und somit auch jeder Körper anders ist und die Schwangerschaft von Frau zu Frau unterschiedlich lange dauern kann. In der Regel wird jedoch davon ausgegangen, dass eine Schwangerschaft um den Dreh herum circa 40 Wochen dauert.

Interessant!

Eine Geburt ist bereits ab der 38. Schwangerschaftswoche möglich und zählt ab diesem Zeitpunkt auch nicht mehr als Frühgeburt. Bis zur 42. Schwangerschaftswoche hat das Baby in der Regel Zeit, um sich alleine auf den Weg zu machen. Ansonsten folgt oft, unter Anleitung eines Arztes die Zwangsräumung der gemütlichen Ein-Zimmer-Wohnung durch das Einleiten der Geburt.

In welche Phasen teilt sich die Schwangerschaft nun aber auf? Was musst du alles wissen, wenn deine Partnerin bei 3+4 oder 23+5 ist? Sie möchte dir mit diesen Zahlen keine Rechenaufgabe stellen und auch nicht testen, wie fit du im Kopfrechnen bist (es ist schließlich noch Zeit, bis euer Kind in die Schule kommt und du ihm bei den Mathehausaufgaben helfen werden musst), sondern diese augenscheinlichen Rechenaufgaben stehen für die Schwangerschaftswoche, in welcher sich deine Partnerin befindet und die Tage.

Sprich: 3+4 bedeutet, dass deine Partnerin drei Wochen und vier Tage schwanger ist. Folglich bedeutet 23+5, dass deine Partnerin 23 Wochen und 5 Tage schwanger ist. Die Tage werden bis +6 gezählt. Plus 7 gibt es nicht, sondern nach 5+6 kommt 7+0 usw.!

Wer hätte gedacht, dass du dir mit diesem Buch nicht nur einen Ratgeber rund um die Schwangerschaft und die erste Zeit mit deinem Baby kaufst, sondern auch im Denksport unterstützt und gefordert wirst?

Es ist aber wichtig zu wissen, dass sich deine Frau, wenn sie bei 14+1 ist die 14. Schwangerschaftswoche vollendet hat und bereits ab 14+0 in der 15. Schwangerschaftswoche ist. Bei 13+6 ist sie noch in der 14. Schwangerschaftswoche.

Bevor wir genauer auf die einzelnen Abschnitte der Schwangerschaft eingehen, ist es interessant zu wissen, dass die Schwangerschaftswoche,- ein Begriff, welcher für die einzelnen Phasen der Schwangerschaft eine große Rolle spielt – mit der Abkürzung „SSW“ abgekürzt wird.

Interessant!

Da sich die Zeit der Schwangerschaft in drei Phasen einteilen lässt, werden die drei unterschiedlichen Abschnitte als „Trimester" bezeichnet. Das heißt, dass sich deine Partnerin entweder im ersten, zweiten oder dritten Trimester der Schwangerschaft befindet.

Bei den drei Trimestern handelt es sich dabei um die Folgenden:

1. **Das erste Trimester**
   von der 1. bis zur 12. SSW
2. **Das zweite Trimester**
   von der 13. bis zur 24. SSW
3. **Das dritte Trimester**
   von der 25. bis zur 40. SSW

Spannend ist es nun zu wissen, was genau innerhalb der einzelnen drei Trimester genau mit deiner Partnerin und deinem Baby passiert.

Das erste Trimester

Bei dem ersten Trimester handelt es sich um die wohl kritischste Zeit der Schwangerschaft. Vielleicht hast du schon einmal davon gehört, dass Paare erst nach dem Vergehen der ersten drei Monate der Schwangerschaft freundig verkündet haben, schwanger zu sein und ein Baby zu erwarten.

Dass Männer und Frauen so lange warten, bis sie Freunde und Verwandte an ihrem Glück teilhaben lassen ist nicht darauf zurückzuführen, dass sie die Freude ganz alleine für sich verspüren wollen.

Denke nur einmal daran, wie du dich gefühlt hast, als du den positiven Schwangerschaftstest deiner Partnerin in der Hand gehalten hast – am liebsten hättest du es der ganzen Welt, erzählt, dass du bald Papa wirst, oder? Die Freude ist so groß, dass du am liebsten fremde Menschen auf der Straße angesprochen hättest, um ihnen mitzuteilen, dass deine Partnerin schwanger ist und ihr ein Baby erwartet…

Der Grund dafür, dass viele Paare damit warten, die Schwangerschaft zu kommunizieren ist die Tatsache, dass das erste Trimester als das risikoreichste der Schwangerschaft gilt.

Vielleicht kannst du dich an den Biologie-Unterricht in der Schule zurückerinnern (es kann nie schaden, dich wieder auf Trab zu bringen. Die Zeit der Schwangerschaft vergeht schnell, die Zeit, wenn dein Kind auf der Welt ist, noch schneller ;-)) – bezüglich des Überlebens gilt das Prinzip des Stärkeren. Nur der Stärkere überlebt und nur die Lebewesen, die lebensfähig sind, haben eine Chance.

Das ist auch der Grund dafür, dass die meisten Abgänge in den ersten Wochen der Schwangerschaft stattfinden. Der Körper merkt, wenn der Haufen Zellen, aus welchem in den folgenden Wochen der Schwangerschaft ein Baby wird, überlebensfähig ist, oder nicht. Ist dem nicht der Fall, hat die Frau eine frühe Fehlgeburt und verliert das Baby. Natürlich ist es nicht sinnvoll, sich die ersten Wochen der Schwangerschaft ständig mit dem Gedanken zu quälen, dass etwas schiefgehen könnte – genießt die Schwangerschaft und die Neuigkeit darüber, Eltern zu werden, doch seid euch bewusst darüber, dass die erste drei Monate die kritischsten sind.

Was passiert nun aber in den ersten drei Monaten der Schwangerschaft? Der Bauch wächst nicht sonderlich, dafür aber das Hormonchaos deiner Partnerin. Wenn du bislang gedacht hast, dass sie während ihrer Tage ungenießbar war und in dem Ausdruck „Himmelhochjauchzend, zu Tode betrübt“ ihr Mantra für diesen Zeitraum gefunden zu haben, wirst du mit der Schwangerschaft deiner Partnerin in vollkommen neue Dimensionen eintauchen.

Denn, die Veränderung, welche in dem Körper deiner Partnerin stattfindet, trifft sie vor allem in den ersten drei Monaten besonders heftig und oft wird sie selbst gar nicht wissen, was gerade mit ihr passiert, was sie fühlt und wie sie in bestimmten Situationen reagieren soll.

Kurz und knapp gesagt, wird in den ersten drei Monaten der Schwangerschaft aus dem Haufen Zellen ein kleines Lebewesen. Das Herz fängt an zu schlagen und der erste Ultraschall findet statt, um dir und deiner Partnerin euren kleinen Schatz auf dem Bildschirm zeigen zu können.

Das passiert mit der Frau:

Die Frau wird von dem Chaos der Hormone mit voller Wucht getroffen, sodass sie nicht nur mental, sondern auch körperlich rausgefordert wird. Das wiederum stellt für dich auch eine Herausforderung dar, an welcher ihr gemeinsam wachsen könnt. Wie sagt man so schön –

ein Kind ist der Spiegel, der dir gnadenlos ins Gesicht gehalten wird. Ein Kind zeigt dir, wie gut du und deine Partnerin harmoniert, ob ihr ein eingespieltes Team seid, ob ihr bereit seid, an Problemen zu arbeiten und, ob ihr gemeinsam wachsen und lernen könnt.

Neben dem Gefühlschaos, welches deine Partnerin in ihrem Inneren spürt, macht sich oft ein Spannen in den Brüsten, sowie ein leichter Schmerz im Unterleib bei ihr bemerkbar.

Nicht zu vergessen: Das Symptom aller Symptome, welches oft darauf hindeutet, dass die Frau schwanger ist: Die Übelkeit.

Interessant!

Nicht alle Frauen leiden in der Schwangerschaft unter Übelkeit. Während einige Frauen vor allem in dem ersten Monat stark mit Übelkeit zu kämpfen haben, bleiben andere Frauen vollkommen von ihr verschont. Andere Frauen wiederum entwickeln eine krankhafte Übelkeit, welche auch als Risiko während einer Schwangerschaft zu werten und zu verstehen ist. Diese dauert oft die gesamte Schwangerschaft an und hört erst mit der Geburt des Kindes wieder auf.

Es ist sinnvoll, dein Lebensmotto in den ersten Wochen der Schwangerschaft deiner Frau dem Spruch „Wie man es macht, macht man es falsch" anzupassen, da weder du noch deine Partnerin selbst wissen, wann die Bombe explodiert.

Es kann ein falscher Blick reichen und deine Partnerin könnte unter den Hormonen eine Kriegserklärung darin erkennen und gnadenlos auf dich abfeuern. Die ersten Wochen der Schwangerschaft sind ein Mienenfeld. Weder du noch deine Partnerin wissen, wo die Bomben jeweils liegen und somit verwandelt sich diese Zeit in einen Spießrutenlauf. Behalte immer im Hintergrund, dass deine Partnerin selbst gerade nicht weiß, was mit ihr passiert und wie ihr geschieht. Sei einfach für sie da und versuche Verständnis aufzubringen. Hormone können etwas ganz schön Fieses sein…

Es kann sein, dass deine Frau, neben der Spannung in den Brüsten und den Schmerzen im Unterleib auch mit weiteren Problemen zu kämpfen hat. Dazu gehören unter anderem:

- Verstopfungen
- Empfindliches und blutendes Zahnfleisch
- Sodbrennen

Das passiert mit dem Baby:

In den ersten Wochen der Schwangerschaft wird, aus fachlicher Sicht gesehen, nicht von einem Baby und auch nicht von einem Fötus, sondern von einem Embryo gesprochen.

Das ist darauf zurückzuführen, dass es sich bei dem Baby, welches im Bauch deiner Partnerin heranwächst, zum Anfang um eine Anhäufung von Zellen handelt, welche in ihrem Erscheinungsbild nicht als Baby zu identifizieren ist.

Innerhalb des ersten Trimesters der Schwangerschaft wird aus dem Embryo ein Fötus, welcher nach und nach die Form eines Babys bekommt und einen Herzschlag aufweist, wenn der erste Ultraschall durchgeführt wird.

Interessant!

In der Regel führen Frauenärzte den ersten Ultraschall nicht vor der 6. SSW durch, da das Herz des Babys erst gegen Ende der 5./Anfang der 6. SSW anfängt zu schlagen. Findet er den Herzschlag zu einem früheren Zeitpunkt nicht, bedeutet das für dich und deine Partnerin nur Stress und Sorgen, welche nicht notwendig sind, da es vollkommen normal ist, dass man vor dem Ende der 5. SSW keinen Herzschlag auf dem Ultraschall sieht.

Neben der Tatsache, dass das Baby in dem ersten Trimester menschliche Züge annimmt und der Herzschlag auf dem Ultraschall zu sehen ist, entwickeln sich auch nach und nach die Organe und die Nervenbahnen des Kindes.

Das zweite Trimester

Obwohl deine Partnerin während der Schwangerschaft oft eine tickende Zeitbombe zu sein scheint, ist sie noch lange keine Uhr, welche man stellen kann. Aus diesem Grund kann auch nicht pauschal gesagt werden, dass mit dem Einläuten des zweiten Trimesters der Schwangerschaft die Beschwerden aus dem ersten Trimester verschwinden.

Dennoch kann auch gesagt werden, dass bei der Großzahl der Frauen die Beschwerden nach einigen Wochen nachlassen. Das muss nicht pünktlich zur 13. SSW der Fall sein, sondern kann auch in der 14. oder 15. SSW vorkommen.

Interessant!

Das zweite Trimester der Schwangerschaft ist in der Regel die Phase, in welcher sich die Frauen am besten und am wohlsten fühlen. Das Chaos der Hormone stellt sich ein, die Beschwerden lassen nach und die Frau fühlt sich rundum wohl. Zwar fängt der Bauch nach und nach an zu wachsen, doch er ist nicht so schwer, als dass deine Partnerin Rückenschmerzen oder andere Beschwerden bekommen könnte.

Aus diesem Grund wird das zweite Trimester von vielen Frauen auch als das Schönste und Angenehmste in der gesamten Schwangerschaft empfunden.

Das passiert mit der Frau:

Nach und nach kann nicht nur von der wechselnden Laune und der Beschwerden der Frau darauf geschlossen werden, dass sie schwanger ist, sondern der Bauch macht sich langsam sichtbar. Das wachsende Baby nimmt immer mehr Platz im Inneren der Frau in Anspruch, sodass der Bauch immer größer wird. Möglicherweise ist nun auch die Phase gekommen, Schwangerschafts-Klamotten zu kaufen.

Denn, während deine Partnerin in den ersten Wochen der Schwangerschaft aufgrund ihrer Beschwerden und dem Gefühlschaos Jogginghose und Kuschelpullover zu ihren täglichen Begleitern erklärt haben mag, hat sie in dem zweiten Trimester oft sehr viel mehr Lust darauf, sich schön anzuziehen und sich zurechtzumachen.

Nicht nur der Bauch wächst von Tag zu Tag ein Stück mehr, sondern ab circa der 15. SSW kann die Frau das Baby in sich spüren. Kleine Tritte gegen die Bauchdecke machen sich bemerkbar und durch die Bewegungen des Babys hat die werdende Mutter Gewissheit darüber, dass es dem Baby gut geht.

Die Tritte sind zu der Zeit oft noch zu gering, als dass sie von außen zu spüren wären. Habe noch ein paar Wochen Geduld, um dann auch von außen die Tritte deines Babys spüren zu können.

Interessant!

Wie schon gesagt, ist die Frau kein Wecker, welchen man einstellen kann und auch das Baby hat keinen integrierten Terminkalender, von welchem es daran erinnert wird, sich mit Tritten gegen die Rippen oder die Blase der Mutter bemerkbar zu machen. Es ist vollkommen normal, dass es sich also nicht pünktlich zur 15. SSW mit Tritten meldet, sondern vielleicht ein paar Tage mehr braucht oder sich vielleicht auch schon ein paar Tage früher meldet.

Wann und wie stark deine Partnerin die Tritte des Babys verspürt, ist immer auch eine Frage der Lage der Plazenta. Bekommt deine Partnerin von dem Frauenarzt die Information, eine Vorwandplazenta zu haben, kann dies unter anderem der Grund dafür sein, dass sie die Tritte und Bewegungen erst sehr viel später bemerkt. Denn die Lage der Plazenta dämpft in diesem Fall die Tritte und Bewegungen des Babys.

Das zweite Trimester ist zudem der denkbar ungünstigste Zeitpunkt, um deine Partnerin auf ihr Gewicht anzusprechen, da dieser Abschnitt der Schwangerschaft die Phase ist, in welcher deine Partnerin beständig an Gewicht zunimmt.

Ganz klar und rational gesehen, ist diese Gewichtszunahme, welche sich auf circa 500 Gramm (plus minus) pro Woche beläuft, auf vollkommen natürliche Faktoren zurückzuführen. So wächst nicht nur das Baby und bringt von Woche zu Woche mehr Gewicht auf die Waage, sondern es sammelt sich auch immer mehr Fruchtwasser an, welches ebenfalls ein bestimmtes Eigengewicht aufweist. Dennoch ist es besser, die Waage in dieser Zeit aus dem Haushalt zu verbannen und dafür zu sorgen, dass sich deine Partnerin nur bei den Besuchen beim Frauenarzt oder bei der Hebamme wiegen lässt.

Interessant!

Im Volksmund wird immer davon gesprochen, dass Frauen in der Schwangerschaft für zwei Essen. Das heißt nicht, dass deine Partnerin nun immer die doppelte Menge der Hauptmahlzeiten essen muss. In der Tat reicht es in der Schwangerschaft vollkommen aus, eine größere Portion Reis oder Nudeln, eine Portion Obst mehr oder einen zusätzlichen Joghurt zu essen.

Gegen Ende des zweiten Trimesters ist es in der Regel möglich, auch die Bewegungen und Tritte des Babys von außen zu spüren, wenn du deine Hand auf den Bauch deiner Partnerin legst. Spiele mit deinem Kind. Drücke sanft auf eine Stelle des Bauches deiner Freundin und warte darauf, dass das Baby entweder mit der Hand oder dem Fuß gegen die Stelle tritt.

Das passiert mit dem Baby:

Dass du die Bewegungen und Tritte deines Babys spüren kannst, wenn du deine Hand auf den Bauch deiner Partnerin legst, ist unter anderem auf die Tatsache zurückzuführen, dass dein Baby immer mehr Kraft hat.

Denn in dem zweiten Trimester Schwangerschaft bilden sich langsam die Knochen deines Babys, sodass es ausreichend Kraft zur Verfügung hat, um mit den Händen und Füßen gegen die Bauchdecke der Frau zu drücken oder zu treten.

Besonders schön ist es zu sehen, wie das Baby auf deine Stimme reagiert. Denn ab dem zweiten Trimester ist das Gehör deines ungeborenen Babys inzwischen so sehr ausgereift und entwickelt, dass es Geräusche von außen wahrnehmen kann. Somit kann es auch deine Stimme hören und je mehr du mit deinem Baby sprichst, umso mehr lernt es deine Stimme kennen. Spreche und spiele mit deinem Baby und baue auf diese Art und Weise bereits vor der Geburt eine Bindung zu ihm auf.

Interessant!

Babys erinnern sich, wenn sie auf die Welt kommen, an Melodien, wenn sie diese konstant in der Schwangerschaft gehört haben. Singe ihm immer wieder eine bestimmte Melodie vor oder lege eine Spieluhr neben den Bauch der Mutter. Wenn das Baby auf der Welt ist und die vertraute Melodie hört, wird es sich sehr viel einfacher und schneller entspannen können, wenn es weint oder aufgeregt ist.

Dein Baby tritt jedoch nicht nur, sondern bewegt sich in der Gebärmutter fröhlich hin und her. Wenn du Glück hast, kannst du auf dem Ultraschall sogar erkennen, wie es Saltos im Bauch deiner Partnerin macht und hin und hersaust. Es hat noch ausreichend Platz zur Verfügung, um sich auszutoben und zu spielen.

Dein Baby trainiert in dem zweiten Abschnitt der Schwangerschaft nicht nur für die olympischen Spiele, indem es durch den Mutterleib flitzt, sondern es übt sich zu derselben Zeit auch im Saugen und Greifen. Es saugt somit unter anderem an seinem Daumen und greift mit seinen kleinen Händen nach der Nabelschnur, mit welcher es mit der Gebärmutter verbunden ist und über welche es mit Nährstoffen versorgt wird.

Interessant!

Gegen Ende des zweiten Trimesters kann der Frauenarzt in der Regel das Geschlecht des Babys bestimmen, sofern sich das Baby zeigt und nicht zu sehr damit beschäftigt ist, einen Salto nach dem anderen zu schlagen.

Das dritte Trimester

Endspurt – das dritte Trimester dauert zwar durchaus einige Wochen an, dennoch vergehen diese, wie im Flug. Wenn von „Auf die Plätze, Fertig, Los!" die Rede ist, befinden du und deine Partnerin dich nun bei „Los". Ihr seid auf der Zielgeraden und in nur wenigen Wochen werdet ihr frischgebackene Eltern eures kleinen Babys sein.

Während sich die Frau im zweiten Trimester rundum wohlgefühlt hat, kann sich das mit dem dritten Trimester wieder etwas ändern. Der Bauch wird größer und schwerer, die Tritte des Babys stärker und es kann wieder zu Beschwerden kommen, mit welchen deine Partnerin zu kämpfen haben kann.

Das passiert mit der Frau:

Bei einer Schwangerschaft handelt es sich um keine Anbaumaßnahmen, bei welchen ein zusätzlicher Platz an den Körper der Frau angebaut wird. Vielmehr macht sich die Gebärmutter samt dem Baby in ihrem Inneren, ganz nach dem Motto: „Was nicht passend ist, wird passend gemacht" Platz im Körper der Frau.

Je mehr die Gebärmutter wächst, umso mehr werden die umliegenden Organe verschoben, nach oben gedrückt und verdrängt. Keine Angst – der Körper der Frau ist dafür gemacht und es besteht somit kein Grund sich Sorgen zu machen. Trotzdem kann das Verschieben der Organe durchaus dazu führen, dass deine Partnerin zum Ende der Schwangerschaft hin mit Beschwerden, wie Kurzatmigkeit oder Sodbrennen zu kämpfen hat.

Dazu gesellen sich die immer stärker werdenden Tritte des Babys, welche nicht nur aufgrund der immer größer werdenden Größe des Babys, sondern auch der immer stärker werdenden Kraft immer unangenehmer werden.

Besonders unangenehm ist es für die Frau, wenn das Baby die Blase mit einem Box-Sack verwechselt und fröhlich gegen sie tritt und schlägt, um zu testen, ob die Unterlage unter der Matratze auch wirklich ihre saugenden Eigenschaften entfaltet, wenn Flüssigkeit auf sie trifft. Es muss schließlich alles bereitstehen, falls die Fruchtblase im Bett platzen sollte…

Wenn du es noch nie geschafft haben solltest, Pinguine am Nord-oder Südpol aufzusuchen und zu beobachten, kannst du dir dieses Geld sparen und einfach einen Blick von hinten auf deine Partnerin werfen, wenn sie mit dir gemeinsam durch die Stadt oder durch den Supermarkt läuft – oder besser gesagt: watschelt.

Denn, der Bauch wird im dritten Trimester der Schwangerschaft immer größer und schwerer, sodass deine Partnerin nicht nur Probleme mit der Fortbewegung bekommt. Früher oder später kann sie auch unter starken Rücken- und Nierenschmerzen leiden, welche durch das recht hohe Gewicht des Babys und des Fruchtwassers im Inneren des Bauches provoziert werden.

Interessant!

Vielen Frauen fällt es im letzten Drittel der Schwangerschaft, aufgrund der recht großen Größe des Bauches schwer zu schlafen, zu sitzen und auch zu liegen. Ein Stillkissen kann in diesem Zusammenhang Abhilfe schaffen.

Je mehr sich das dritte Trimester der Schwangerschaft dem Ende zuneigt, umso wahrscheinlicher ist es, dass deine Partnerin Bekanntschaft mit den Übungswehen – den sogenannten Senkwehen macht.

Die Senkwehen helfen dem Baby dabei, immer tiefer in das Becken und somit gen Geburtskanal zu rutschen. Wenn sich die Senkwehen bei deiner Partnerin bemerkbar machen, bedeutet dies, dass das Baby, im Grunde genommen, bereit für die Geburt ist und nun nicht mehr viel Zeit vergeht, bis sich euer Baby auf den Weg euch dich und deine Partnerin zu stolzen Eltern macht.

Wenn dann endlich die echten Wehen einsetzen und die Fruchtblase platzt ist der Moment gekommen, auf welchen du dich seit 10 Monaten vorbereitet hast und für welchen du dich dennoch nicht bereit wirst. Doch, nachdem du zuerst ein nicht vorhandenes Leck im Dach für die Pfütze im Wohnzimmer verantwortlich gemacht hast oder kurz davor gestanden bist, den Nachbarn Schadensersatz aufgrund des Wasserschadens anzudrohen, findest du dich hinter dem Steuer deines Autos wieder, deine Partnerin mit Wehen neben dir und deinem Baby auf dem Weg – du wirst Papa!

Das passiert mit dem Baby:

Dein Baby kann im Körper deiner Partnerin die Augen öffnen und schließen, hat sie allerdings die gesamte Zeit des zweiten Drittels hinweg geschlossen. Das ändert sich mit dem Einläuten des dritten Trimesters, in welchem es die Augen öffnet.

Dadurch kann es die Lichtimpulse, welche von außen durch die Bauchdecke der Frau zu ihm durchdringen, wahrnehmen und somit auch schon einen Tages-Nacht-Rhythmus entwickeln.

Auch im dritten Trimester der Schwangerschaft wächst das Baby weiterhin und nimmt somit in der Regel circa 200 Gramm pro Woche zu. Dieses zusätzliche Gewicht legt das Baby in der Form von Unterhautfett an.

Das Baby ist zum Ende des dritten Trimesters vollständig entwickelt und kann somit nicht nur die Augen öffnen und schließen, greifen, saugen und treten, sondern auch hören, riechen, schmecken, fühlen und eingeschränkt sehen – den Sinn des Sehens entwickelt das Baby in den ersten Monaten seines Lebens noch intensiver, doch grundsätzlich verfügt es bei der Geburt bereits über alle fünf Sinne.

Mögliche Komplikationen in der Schwangerschaft

Es gibt einen Spruch, welcher besagt, dass man sich sein ganzes Leben lang Sorgen machen wird, sobald man Kinder hat. Die Sache mit dem „Sorgenmachen“ fängt dabei bereits in der Schwangerschaft an und hört von da an nicht mehr auf. Es ist vollkommen normal, sich Sorgen zu machen und Angst davor zu haben, dass etwas passieren könnte, allerdings bekommt das Baby im Leib der Mutter ganz genau mit, wie es ihr geht, was sie beschäftigt und, wie ihre Gefühlslage allgemein ist.

Das heißt nicht, dass deine Partnerin wie ein Honigkuchenpferd durch die Gegend laufen muss – zumal dies aufgrund der Hormone ein Ding der Unmöglichkeit ist – doch sie sollte sich nicht allzu sehr stressen.

Es ist durchaus richtig und wichtig, dass du dich mit möglichen Risiken auseinandersetzt und beschäftigst, welche in der Schwangerschaft auftreten können, lasse dich jedoch nicht von den Risiken und der Angst vor den Risiken dominieren.

Dr. Google vs. Hebamme/Frauenarzt

Es gibt Zeiten, zu welchen das Internet mit seiner unendlich großen Reichweite ein Fluch und ein Segen zu derselben Zeit ist. Denn, während du dich auf der einen Seite über viele Dinge informieren oder auch mit Verwandten und Freunden in Verbindung setzen kannst, können einige Informationen im Internet stark triggern und Gefühle der Angst provozieren.

In der heutigen Zeit scheint es vollkommen normal geworden zu sein, sich selbst eine Diagnose zu erstellen, indem schlicht und ergreifend im Internet nach Symptomen gesucht und dann festgelegt wird, unter welcher Krankheit man leidet. Der nächst Schritt wäre dann nur noch der Schritt, dass man sich selbst ein Rezept ausstellt, um sich die passenden Medikamente in der Apotheke kaufen zu können.

Lange Rede, kurzer Sinn: **Wenn deine Partnerin und du das Gefühl haben, dass etwas nicht stimmt, ist es besser, direkt den Frauenarzt oder die Hebamme zu kontaktieren**, statt sich in das tiefe Loch des Internets ziehen zu lassen. Oft werden dort Horrorszenarien geschildert und dargestellt, welche das Grundgerüst der Angst und der Unsicherheit, welche Beschwerden an und für sich mit sich bringen, nur noch zusätzlich nähren und stärken.

Das Baby spürt den Stress der Mutter und stresst sich somit ebenfalls. Aus diesem Grund ist die erste Regel, wenn deine Partnerin Beschwerden oder das Gefühl, dass etwas nicht stimmt haben sollte: „Ruhe bewahren, Finger weg von Dr. Google und die Hebamme oder der Frauenarzt kontaktieren!“

Im Internet können viele Menschen Informationen verbreiten, welche zwar durchaus stimmen können, jedoch immer vom Schlimmsten ausgehen und die gefürchteten Horrorszenarien schildern, welche eine schwangere Frau und ein werdender Vater nicht unbedingt lesen sollten. Tausche dich im Internet gerne mit anderen Menschen aus und hole dir Informationen über Dinge ein, welche dich interessieren, vergleiche Preise, um bei der Erstausstattung für das Baby Geld sparen zu können, doch wende dich bei Problemen, Sorgen und Ängsten an kompetente Fachkräfte, wie die Hebamme oder den Frauenarzt.

Die Diagnose „Risikoschwangerschaft“ – was bedeutet das eigentlich genau?

In dem Laufe der Schwangerschaft finden immer wieder Untersuchungen, welche den Namen „Vorsorgeuntersuchung“ tragen, beim Frauenarzt statt. In dem Rahmen dieser Vorsorgeuntersuchungen prüft der Frauenarzt nicht nur, ob es dem Baby gutgeht, sondern stellt auch fest, wie es um die werdende Mutter bestimmt ist.

Es kann dabei vorkommen, dass deine Partnerin als „Risikoschwangere“ eingestuft wird. Grundsätzlich ist dieser Begriff recht selbsterklärend, da sich hinter ihm genau das versteckt, was man sich vorstellt, wenn man ihn hört.

Bei einer Risikoschwangerschaft handelt es sich um eine Schwangerschaft, welche mit einem gewissen Risiko für das Kind, ggf. auch für die werdende Mutter verbunden ist.

Inwiefern dieses Risiko dabei definiert ist, ist von Schwangerschaft zu Schwangerschaft unterschiedlich, sodass es wichtig ist, über die verschiedenen Risiken im Bild zu sein, welche während einer Schwangerschaft auftreten können.

Interessant!

Zwar kommt es durchaus vor, dass Frauen die Diagnose „Risikoschwangerschaft“ erhalten, allerdings heißt das nicht, dass das Baby in Lebensgefahr schwebt. Oft bedeutet das schlicht und ergreifend, dass die werdende Mutter etwas vorsichtiger sein muss. Die meisten Schwangerschaften verlaufen jedoch vollkommen ohne Komplikationen und nur wenige Frauen werden als „risikoschwanger" eingestuft.

Interessant zu wissen ist auch die Tatsache, dass Frauen, welche unter 18 oder über 35 Jahre alt und schwanger sind, unabhängig von dem Zustand und dem Befinden als risikoschwanger eingestuft werden. Das ist auch dann der Fall, wenn die Schwangerschaft vollkommen ohne Probleme und Komplikationen verläuft.

Diese Komplikationen kann es in der Schwangerschaft geben

Sich nach dem Motto „Ich weiß, dass ich nichts weiß" aus der Affäre zu sehen und ganz nach dem Spruch „Was ich nicht weiß, macht mich nicht heiß" aus der Affäre zu ziehen und die Augen vor möglichen Komplikationen zu verschließen, ist alles andere als ideal. Es ist wichtig, die Risiken zu kennen und ihnen rational gegenüberzutreten. Lasse dich nicht von den möglichen Komplikationen beeinflussen und herunterziehen, sei dir jedoch bewusst darüber, dass es sie gibt.

Die Blutungen in der Früh- und Spätschwangerschaft

Zu den häufigsten Beschwerden, welche recht oft vorkommen und viele Frauen, vor allem in der Frühschwangerschaft betreffen, zählen die Blutungen.

Interessant!

Blutungen müssen nicht immer ein Warnzeichen sein, sollten jedoch abgeklärt werden. Selbst, wenn es sich um braunes (altes) Blut handelt, ist es immer besser auf Nummer sicher zu gehen und die Ursache für die Blutung abklären zu lassen.

Es ist erst einmal ein großer Schock, wenn dich deine Partnerin mit einem lauten Schrei ruft, weil sie Blut in der Unterhose oder an dem Toilettenpapier gefunden hat. Direkt gehen die Alarmglocken an und in deinem Kopf wiederholt sich immer und immer wieder der Gedanke „Das Baby ist in Gefahr!“.

Wichtig zu wissen ist in diesem Zusammenhang, dass Blutungen vor allem in den ersten Wochen der Schwangerschaft sehr häufig vorkommen und oft vollkommen harmlos sind.

Unterschieden wird bei den Blutungen jeweils zwischen den Blutungen in der Frühschwangerschaft und den Blutungen, zu welchen es in der Spätschwangerschaft kommen kann.

Die Blutungen in der Frühschwangerschaft

Kommt es in der Frühschwangerschaft, sprich: in den ersten Wochen des ersten Trimesters, zu Blutungen, sind diese oft vollkommen normal und harmlos und auf:

- die Einnistung
- Kontakte durch den Penis beim Sex
- die Umstellung der Hormone

zurückzuführen und somit kein Grund zur Beunruhigung.

Stelle sicher, dass die Ursache für die Blutungen abgeklärt wird, sodass weder du noch deine Partnerin euch Sorgen machen müsst.

Das Abklären ist aus dem Grund so wichtig, da es sich bei den Blutungen in einigen Fällen auch um Anzeichen handeln kann, welche auf:

- eine Eileiterschwangerschaft

- eine drohende Fehlgeburt
- Schwäche des Gebärmutterhalses

deuten können. In diesen Fällen muss sich deine Partnerin streng schonen und ggf. Medikamente einnehmen, welche der Frauenarzt verschreibt.

Wie sagt man so schön: „Lieber einmal mehr zum Arzt, als einmal zu wenig!"

Die Blutungen in der Spätschwangerschaft

Nicht nur in der Frühschwangerschaft, sondern auch in der Spätschwangerschaft kann es unter Umständen zu Blutungen kommen. Wichtig ist es in diesem Zusammenhang zu wissen, was die Blutungen bedeuten und, ob du dir Sorgen machen muss.

Interessant!

Eine Schwangerschaft wird zu dem Zeitpunkt der Vollendung der 20. SSW als Spätschwangerschaft bezeichnet. Also bei 20+0 – mit dem Eintreten der 21. SSW.

In der Spätschwangerschaft ist es wichtig, Blutungen nicht mit dem Abgang des Schleimtropfes zu verwechseln. Der Schleimtropf geht kurz vor der Geburt ab und zeichnet sich, wie du dir vielleicht bereits anhand der Bezeichnung denken kannst, vor allem durch die schleimige und auch blutige Konsistenz aus.

Bekommt deine Partnerin allerdings plötzlich Blutungen, ohne dass Anzeichen auf das Lösen des Schleimtropfes bestehen und machen sich zudem Schmerzen oder ein Ziehen im Unterleib breit, sollten diese Blutungen umgehend abgeklärt werden. Unter Umständen können sie auf:

- Komplikationen mit der Plazenta
- Das Lösen der Plazenta

hinweisen.

Wichtig ist es aus diesem Grund also, die Blutungen immer abklären zu lassen, ohne in Panik zu verfallen. In vielen Fällen sind die Blutungen harmlos!

Blutungen zum Zeitpunkt des Zyklus´

Ein interessantes Phänomen, welches bei einigen Frauen auftritt, ist das Phänomen der weiter bestehenden Monatsblutung auch während der Schwangerschaft.

In der Regel geht man davon aus, dass die Regel mit dem Eintreten der Schwangerschaft aussetzt und erst nach dem Abstillen des Babys wiedereinsetzt. Allerdings ist dies nicht bei allen Frauen der Fall, sodass sich bei einigen Schwangeren das Phänomen der weiter bestehenbleibenden Regelblutung manifestiert und sie leichte Blutungen hat, wenn sie eigentlich ihre Tage bekommen sollte.

Ist dieser Umstand einmal abgeklärt worden, musst du dir somit nicht jeden Monat aufs Neue Sorgen machen, sondern weiß bereits, worin die Ursache dieser Blutungen ist.

Die Eileiterschwangerschaft

Damit sich ein Baby in der Gebärmutter der Frau entwickeln kann, müssen zwei wichtige Voraussetzungen erfüllt werden:

1. Das Ei der Frau muss von dem Spermium des Mannes befruchtet werden.
2. Das befruchtete Ei muss sich in der Gebärmutter der Frau einnisten.

Sind diese beiden Voraussetzungen erfüllt, kann sich aus dem befruchteten Ei in dem Laufe der Schwangerschaft ein Baby entwickeln.

Es kann aber vorkommen, dass sich das befruchtet Ei nicht in der Gebärmutter einnistet, sondern sich einen Eileiter aussucht, welcher sich außerhalb der Gebärmutter befindet.

Unter dieser Voraussetzung kann sich kein Embryo bilden. Das ist auf die Tatsache zurückzuführen, dass ein Eileiter mit seiner Beschaffenheit nicht darauf ausgelegt ist, eine Schwangerschaft fortzuführen. Oft wird eine Eileiterschwangerschaft aus diesem Grund von dem Arzt unterbrochen. Je früher dies geschieht, umso besser ist es, da es sonst unter Umständen zu inneren Rissen und folglich Blutungen kommen könnte.

Interessant!

Eileiterschwangerschaften kommen nicht so oft vor. Oft ist nur eine Frau unter 100 bis 200 Schwangeren von einer solchen externen Einnistung in den Eileiter betroffen.

Das extreme Schwangerschaftserbrechen (Hypermesis gravadarum)

Ohne in die philosophische Ebene eintauchen zu wollen, ist es immer eine Frage des persönlichen Empfindens, wann etwas oder jemand als „normal“ bezeichnet wird. So kann man unter anderem festhalten, dass es vollkommen normal ist, wenn die Frau in der Schwangerschaft unter Übelkeit leidet und selbst ihr Lieblingsessen in die Toilettenschüssel verabschiedet – keine Sorge! In den meisten Fällen stecken nicht deine Kochkünste dahinter, sondern der Körper der Frau muss sich erst noch an die Umstellung der Hormone während der Schwangerschaft gewöhnen.

Allerdings gibt es auch bei der Übelkeit – so normal diese zu Beginn der Schwangerschaft auch sein mag – Anzeichen dafür, dass die Übelkeit nicht mehr normal, sondern krankhaft ist. In diesem Fall ist von einer extremen Schwangerschaftsübelkeit die Rede, mit welcher einige Frauen während der Schwangerschaft zu kämpfen haben.

Interessant!

Eine Frau unter 200 Schwangeren leidet unter der extremen Übelkeit während der Schwangerschaft.

Wie schon gesagt, musst du dir keine Sorgen machen, wenn deine Partnerin zum Beginn der Schwangerschaft unter Übelkeit leidet. Allerdings ist es wichtig, diese abklären zu lassen, wenn sich folgende Symptome und Anzeichen manifestieren:

- Übergeben mehr als 3 bis 5 Mal pro Tag
- Weder Essen noch Trinken wird im Magen behalten
- Gewichtsverlust von mehr als drei Kilogramm innerhalb eines kurzen Zeitraums (wenige Tage oder Wochen)

Dass die starke Übelkeit in der Schwangerschaft abgeklärt werden muss, ist darauf zurückzuführen, dass diese Komplikation folgende Beschwerden und Folgen mit sich bringen kann:

- Der Körper kann die Nährstoffe nicht aufnehmen
- Die Frau und auch das Baby werden nicht ausreichend mit Nährstoffen versorgt.

Wird die starke Übelkeit während der Schwangerschaft abgeklärt, kann sichergestellt werden, dass der Körper der Frau und somit auch das Baby ausreichend mit den richtigen Nährstoffen und Vitaminen versorgt werden.

Der Bluthochdruck

Bluthochdruck ist bereits bei Frauen, welche kein ungeborenes Baby in ihrem Leib tragen, gefährlich und sollte kontrolliert werden. Noch wichtiger ist es den Bluthochdruck während der Schwangerschaft unter Kontrolle zu haben und ihn ggf. durch die Einnahme von Medikamenten zu sinken.

Circa 5 bis 10 Prozent aller Schwangeren haben mit Bluthochdruck zu kämpfen, wobei ab Werten von 140/90mmHg die Rede von einem krankhaften Bluthochdruck ist.

Anzeichen dafür, dass deine Partnerin mit Bluthochdruck zu kämpfen haben könnte, sind:

- Kopfschmerzen
- Übelkeit
- Erbrechen
- Schmerzen im Unter- und Oberbauch
- Probleme beim Sehen
- Ein Gefühl des Schwindels

Interessant!

Da sich die Komplikation des Bluthochdrucks vor allem in dem letzten Trimester der Schwangerschaft manifestiert, misst die Hebamme oder auch der Frauenarzt in dieser Phase der Schwangerschaft in regelmäßigen Abständen den Blutdruck deiner Partnerin, um den krankhaften Bluthochdruck bei ihr ausschließen zu können.

Dass der Bluthochdruck behandelt werden muss, ist darauf zurückzuführen, dass bei dieser Komplikation wichtige Organe, unter ihnen auch die Plazenta schlechter versorgt werden und sich weitere Komplikationen bilden können. Unter ihnen befinden sich:

- Frühgeburt
- Untergewicht des Babys bei der Geburt
- Präeklampsie (Schwangerschaftsvergiftung)
- HELLP-Syndrom

Aus diesem Grund wird der Bluthochdruck in der Schwangerschaft nicht nur streng überwacht, sondern oft auch mit Medikamenten behandelt. Außerdem wird die Geburt bereits in der 38. SSW oder auch früher eingeleitet.

Die Präeklampsie (Schwangerschaftsvergiftung)

Unser logischer Verstand will es, dass eine Vergiftung immer dann auftritt, wenn etwas Giftiges gegessen wurde oder, wenn Lebensmittel nicht mehr gut waren und dennoch verzehrt wurden.

Allerdings trifft dies nicht bei der Schwangerschaftsvergiftung zu. Um genau zu sein, konnte die Frage danach, wieso einige Frauen nach der 20. SSW mit einer solchen Schwangerschaftsvergiftung zu kämpfen haben, noch nicht vollkommen beantwortet werden.

Was jedoch feststeht ist, dass in dem Fall einer Schwangerschaftsvergiftung umgehend gehandelt werden muss. Andernfalls kann sich diese als fatal für die Gesundheit der Frau und des Babys herausstellen.

Interessant!

Circa 5 bis 10 Prozent der Schwangeren leiden gegen Ende des 2. Trimesters oder im Laufe des 3. Trimesters unter einer Schwangerschaftsvergiftung.

Da eine Schwangerschaftsvergiftung in der heutigen Zeit sehr gut behandelt werden kann, um zu verhindern, dass weder Mutter noch Kind unter dieser Komplikation leiden, ist es wichtig, sich rechtzeitig an einen Arzt zu wenden.

Unter anderem können folgende Symptome auf eine Schwangerschaftsvergiftung hinweisen:

- Kopfschmerzen
- Schmerzen im Oberbauch
- Allgemeines Unwohlsein
- Augenflimmern

Wird die Schwangerschaftsvergiftung nicht behandelt, besteht unter anderem die Gefahr, dass es zu einer Mangelversorgung an Nährstoffen und Sauerstoff kommt. Das kann in dem Fall des Babys dazu führen, dass es nicht angemessen wächst. Außerdem besteht die Gefahr, dass die Geburt früher eingeleitet werden muss.

Das HELLP-Syndrom

Nein, bei dem HELLP-Syndrom handelt es sich nicht um eine „fancy“ Beschreibung des Helfer-Syndroms, sondern kurz und knapp gesagt, ist unter diesem eine Schwangerschaftsvergiftung zu verstehen, welche um einige weitere, ebenfalls gravierende Faktoren erweitert wird. Ganz nach dem Motto „Wer will nochmal, wer hat noch nicht?" ist das HELLP-Syndrom eine Schwangerschaftsvergiftung mit gewissen Extras, wie:

- Blutgerinnungsstörungen
- Reduzierung der Blutplättchen
- Erhöhte Leberwerte

Dieser alles andere als genießbare Cocktail kann unter Umständen lebensbedrohlich für die Mutter und das Kind werden, sodass es wichtig ist, direkt zu handeln. Nicht selten muss in dem Fall des HELLP-Syndroms ein Kaiserschnitt durchgeführt werden.

Thrombose

„I`m sexy and I know it" ist wohl das falscheste Lied, welches du abspielen solltest, wenn deine Partnerin mit ihren Thrombose-Strümpfen vor dir steht und sich ihre Schwangerschaftshose über den immer größer werdenden Bauch zieht.

Dennoch ist es deutlich besser, die Thrombosestrümpfe zu tragen, als sich mit den Risiken einer Thrombose auseinandersetzen zu müssen.

Interessant!

In der Regel tritt die Thrombose nicht allzu oft in der Schwangerschaft auf. Oft sind Frauen von dieser Komplikation betroffen, wenn sie beispielsweise aufgrund einer Risikoschwangerschaft zur Bettruhe gezwungen sind und sich nur wenig bewegen können.

Es kann aber auch vorkommen, dass die Hormone, welche in der Schwangerschaft verrückt spielen, die Blutgerinnung negativ beeinflussen und es folglich zu einer Thrombose kommen kann. Das steigende Gewicht des Bauches, welcher immer größer und immer schwerer wird kann die Beine unter Umständen ebenfalls sehr stark belasten, sodass diese mit unschönen Krampfadern oder auch einer Thrombose darauf reagieren.

Wenn es der Gesundheitszustand und auch die Umstände der Schwangerschaft zulassen, solltest du dafür Sorge tragen, dass sich deine Partnerin ausreichend bewegt. Versuche es am besten so zu verpacken, dass sie nicht unterschwellig denkt, dass du ihr durch die Blume mitteilen möchtest, dass sie zu dick ist und abnehmen muss. Zumal die Schwangerschaft der denkbar ungünstigste Zeitpunkt ist, um sich über Diäten Gedanken zu machen.

Sollte sich deine Partnerin nicht bewegen können oder sich die Thrombose aus anderen Gründen hartnäckig halten, kann es sein, dass der Arzt blutverdünnende Medikamente verschreibt und du deine Partnerin in den bekannten Kompressionsstrümpfen vor deiner Nase wiederfindest.

Der Gestationsdiabetes

Die ewige Debatte darum, ob es der, die oder das Diabetes ist, ist zwar durchaus berechtigt, da „der Diabetes“ – zugegeben – etwas gewöhnungsbedürftig klingt, doch wichtiger ist es zu wissen, worum es sich bei dem Gestationsdiabetes handelt und was du tun kannst, um deine Partnerin zu unterstützen.

Der Gestationsdiabetes wird oft auch als Schwangerschaftsdiabetes bezeichnet und trifft einige Frauen, welche sich folglich intensiv mit ihrer Ernährung auseinandersetzen müssen, um sie umzustellen und schlimme Folgen eines nicht behandelten Diabetes zu verhindern.

Es kann in einigen Fällen auch notwendig sein, Insulin zu spritzen, allerdings ist dies nicht immer der Fall. Die Diagnose „Schwangerschaftsdiabetes“ an und für sich ist nicht schlimm, sondern bedeutet lediglich, dass auf ein paar Dinge mehr geachtet werden muss, als dies bei einer normal verlaufenden Schwangerschaft der Fall ist.

Ein Irrglaube ist, dass der Schwangerschaftsdiabetes nur bei Frauen auftritt, welche bereits vor der Schwangerschaft Diabetes hatten. Das ist so jedoch nicht richtig, sondern diese Diagnose kann auch Frauen treffen, welche sich vor der Schwangerschaft bester Gesundheit erfreut haben.

Interessant!

Um ausschließen zu können, dass deine Partnerin unter Diabetes in der Schwangerschaft leidet, wird in der Regel zwischen der 24. Und der 28. SSW ein sogenannter Zuckertest beim Frauenarzt durchgeführt. Bei diesem Zuckertest trinkt die Frau Glucose und in dem Abstand verschiedener Stunden wird untersucht, inwiefern der Körper den Zucker abbauen kann. Basierend auf den Ergebnissen kann dann der Gestationsdiabetes diagnostiziert oder ausgeschlossen werden.

Es ist wichtig zu wissen, ob deine Partnerin unter Gestationsdiabetes leidet, um ihre Ernährung entsprechend umstellen zu können. Andernfalls könnte dies unbehandelt oder unterschätzt und nicht ernstgenommen dazu führen, dass das Kind viel zu schnell viel zu groß wird und somit bei der Geburt mit seiner Größe nicht durch das Becken der Mutter passt. Oft muss in diesen Fällen die Geburt entweder deutlich früher eingeleitet oder ein Kaiserschnitt durchgeführt werden.

Allerdings sind das nicht die einzelnen Risiken, welche die Diagnose „Gestationsdiabetes“ mit sich bringen kann.

In dem Falle der werdenden Mutter kann es somit unter anderem zu Harnwegsinfekten oder auch zu einem hohen Blutdruck kommen.

Für das Baby gibt es, neben dem oft recht hohen Gewicht bei der Geburt, ebenfalls weitere Risiken, wie zum Beispiel das Risiko der Frühgeburt oder der Unterzuckerung nach der Geburt.

Wie du deine Partnerin bei der Diagnose „Schwangerschaftsdiabetes“ unterstützen kannst:

Die Diagnose „Schwangerschaftsdiabetes“ zu bekommen ist weder für deine Partnerin noch für dich schön und selbstverständlich machen sich sofort Sorgen und Bedenken im Kopf breit. Unter den vielen wirren Gedanken wird es dir erst einmal schwerfallen einen klaren Kopf zu bekommen, doch nach und nach wirst du einen immer besseren Überblick über die Situation bekommen und deine Partnerin somit auch tatkräftig unterstützen können.

Ganz wichtig ist, dass du deiner Partnerin nicht die Schuld an der Diagnose gibst. Ja – schwangere Frauen können mit dem Gang durch die Chips- oder Süßigkeitenabteilung im Supermarkt durchaus einem Hamster ähneln, welcher sich seine Vorräte ansammelt und in den Schränken verstaut und ansammelt, doch die Ernährung alleine ist nicht der Grund dafür, dass sich ein Schwangerschaftsdiabetes entwickelt. Das Letzte, was deine Partnerin in dieser Situation von dir braucht, sind Schuldzuweisungen.

Viel wichtiger hingegen ist es, dass deine Partnerin weiß, dass sie sich auf dich, deine Hilfe und deine Unterstützung verlassen kann. Natürlich leidet deine Frau unter dem Schwangerschaftsdiabetes, doch es handelt sich auch um dein Kind, welches in ihrem Bauch wächst. Diese Tatsache macht dich nicht nur mitverantwortlich für das Kind, sondern sollte dich auch dazu animieren, dich mit der richtigen Ernährung und anderen wichtigen Verhaltensweisen bei Schwangerschaftsdiabetes auseinanderzusetzen.

Wenn der erste Schock verdaut ist und sowohl du als auch deine Partnerin wieder einen klaren und freien Kopf habt, kannst du dich mit der richtigen Ernährung auseinandersetzen und diese gemeinsam mit deiner Partnerin durchführen.

Das heißt nicht, dass du nicht mehr sündigen darfst, allerdings solltest du vielleicht nicht direkt mit dem Stück Sahnetorte vor ihrer Nase durch das Haus laufen oder deinen angebissenen Schokoriegel vor auf dem Esstisch liegen lassen, wo sie ihn direkt sehen kann.

Interessant!

Oft verweist der Frauenarzt die von dem Schwangerschaftsdiabetes betroffenen Frauen an eine Ernährungsberatung, sodass dort vermittelt werden kann, auf welche Art und Weise sich die Frau am besten während der Schwangerschaft ernährt, um jegliche Risiken so gering wie möglich zu halten.

Lasse deine Partnerin nicht alleine, sondern greife ihr nicht nur unter die Arme, indem du für euch beide kochst, sondern esse dieselben Dinge, die sie in dem Rahmen der Ernährung bei Gestationsdiabetes essen darf. Zeige ihr, dass ihr beide in einem Boot sitzt und sie mit der Ernährung nicht alleine ist. Zumal es sich bei der Ernährung bei dem Schwangerschaftsdiabetes, im Grunde genommen, um eine gesunde und ausgewogene Ernährung handelt, welche dir auf keinen Fall schadet.

Oft macht sich bei Frauen, welche die Diagnose „Schwangerschaftsdiabetes“ ein ganz bestimmtes Bild vor dem inneren Auge breit – Fernsehabend mit Karottenchips und Gurkenstreifen – dazu ein Dip aus magerem Joghurt und vielleicht etwas Frischkäse – let´s get the party started *Ironie aus*.

Sicherlich müssen Frauen mit dieser Diagnose etwas mehr auf ihre Ernährung achten, allerdings heißt das nicht, dass sie nichts mehr genießen dürfen. Am besten demonstrierst du ihr genau das, indem du einfach für sie kochst oder ihr ab und an einen leckeren Snack zubereitet, wenn die Gelüste kommen und sie gerne etwas knabbern würde.

Wichtig ist es in diesem Zusammenhang zu wissen, welche Lebensmittel erlaubt sind und, welche eher mit Vorsicht und Bedacht zu genießen sind.

Erlaubte Lebensmittel	Lebensmittel, welche mit Vorsicht und Bedacht zu wählen sind
• Obst und Gemüse • Hülsenfrüchte • Vollkornprodukte • fettarmes Fleisch • fettarmer Fisch • Eier • fettarme Milch	• Kohlenhydrate im Allgemeinen • Nudeln • Reis • Brot • Kartoffeln

• fettarme Milchprodukte	• insbesondere Weizenmehl • Zucker • Süßspeisen und gesüßte Getränke jeder Art

Wenn du deine Partnerin tatkräftig bezüglich der Umstellung ihrer Ernährung unterstützt und sie sich an die Empfehlungen des Frauenarztes oder der Ernährungsberatung hält, kann der Schwangerschaftsdiabetes oft sehr gut in den Griff bekommen werden.

Nur in seltenen Fällen ist es zusätzlich notwendig, dass sich die Frau Insulin spritzt, um den Blutzuckerwert in einen normalen und gesunden Bereich zu bringen.

Die Rhesusunverträglichkeit

Jeder Mensch hat eine bestimmte Blutgruppe. Wenn deine Partnerin nicht weiß, welche Blutgruppe sie hat, ist die Zeit der Schwangerschaft die richtige Zeit, um des Rätsels Lösung auf die Schliche zu kommen.

Denn während der Schwangerschaft wird deiner Partnerin mehrmals Blut abgenommen, um verschiedene Untersuchungen durchzuführen und, unter anderem, auch ihre Blutgruppe zu bestimmen. Das ist aus dem Grund so wichtig, da es unter gewissen Umständen zu einer sogenannten Rhesusunverträglichkeit kommen kann.

Interessant!

Zu einer Rhesusunverträglichkeit kann es kommen, wenn die Mutter die Blutgruppe Rhesus-negativ und das Kind die Blutgruppe Rhesus-positiv hat.

Dass Mutter und Kind nicht dieselbe Blutgruppe haben ist an und für sich nicht schlimm, kann bei der Kombination aus Rhesus-negativ bei der Mutter und Rhesus-positiv bei dem Kind jedoch darin münden, dass die Mutter Antikörper gegen den Rhesusfaktor ihres Kindes entwickelt.

Zwar hat dies keine direkten Folgen für das Baby der aktuellen Schwangerschaft, kann aber für eine weitere Schwangerschaft fatal sein, weshalb während der Schwangerschaft entsprechende Untersuchungen durchgeführt und Maßnahmen ergriffen werden.

Doch auch in der aktuellen Schwangerschaft kann es, sofern die Mutter Antikörper entwickelt hat und es zu einem Blutkontakt zwischen ihr und dem Baby kommt, zu Blutarmut oder einer starken Neugeborenengelbsucht bei dem Baby kommen.

Interessant!

Es kann unter bestimmten Umständen zu einem Blutkontakt kommen. Das ist in der Regel dann der Fall, wenn es zu einer vaginalen Blutung, einem Trauma oder auch zu vorzeitigen Wehen kommt. Auch unter der Geburt ist ein solcher Blutkontakt durchaus möglich und kann dafür sorgen, dass die Antikörper über die Plazenta zu dem ungeborenen Baby gelangen.

Um verhindern zu können, dass es zu bereits genannten Komplikationen kommt und, um sicherstellen zu können, dass das Baby und auch Babys möglicher weiterer Schwangerschaften geschützt sind, bekommt die werdende Mutter innerhalb der letzten drei Monate der Schwangerschaft, sofern sie der Blutgruppe Rhesus-negativ angehört, eine vorsorgliche Spritze.

Über die Spritze erhält sie Anti-D-Globulin, was dazu führt, dass die Bildung der Antikörper gegen das Kind verhindert wird.

Es handelt sich aus dem Grund um eine vorsorgliche Spritze, da noch nicht bestimmt werden kann, welche Blutgruppe das Kind hat, wenn es im Bauch der Mutter ist.

Wenn nach der Geburt die Blutgruppe des Babys bestimmt wurde, kann es sein, dass die Mutter eine zweite Spritze bekommt, um in einer zweiten Schwangerschaft sicherstellen zu können, dass die Gesundheit des Babys nicht gefährdet wird.

Hat das Baby allerdings dieselbe Blutgruppe der Mutter – also Rhesus-negativ, wird keine zweite Spritze gegeben.

Die Frühgeburt

Viele Frauen haben vor allem kurz vor dem Ende der Schwangerschaft mit Albträumen zu kämpfen. Allerdings ist es nicht gesagt, dass diese nur gegen Ende der Schwangerschaft auftreten, da sehr viele Frauen und auch Männer bereits mit dem positiven Schwangerschaftstest in der Hand die unterschiedlichsten Horrorszenarien vor ihrem inneren Auge vorbeiziehen sehen.

Eines dieser Horrorszenarien ist die Frühgeburt, was bedeutet, dass das Baby zu früh auf die Welt kommt und im schlimmsten Fall nicht überlebt oder über Wochen oder gar Monate hinweg in einen Brutkasten kommt, um dort versorgt zu werden.

Interessant!

Die Bezeichnung der „Frühgeburt" ist, im Grunde genommen, ein sehr dehnbarer Begriff. Denn, Babys werden generell als Frühgeburt bezeichnet, sobald sie zwei Wochen zu früh kommen. Auch alle Babys, welche noch früher kommen, werden als Frühgeburt bezeichnet. Während ein Baby jedoch zwei Wochen vor dem errechneten Geburtstermin überlebensfähig und nahezu vollkommen ausgereift ist, ist ein Baby, welches 3 oder 4 Monate zu früh kommt, noch sehr viel weniger entwickelt und alleine kaum lebensfähig. Somit kann festgehalten werden, dass eine Frühgeburt nicht gleich eine Frühgeburt ist und sich jeder Fall und jede Situation anders gestalten.

Es gibt bestimmte Anzeichen und Warnsignale, welche darauf hinweisen, dass sich dein Baby zu früh auf den Weg macht, weshalb es immer wichtig ist, dass deine Partnerin die Vorsorgeuntersuchungen wahrnimmt und sich bei Beschwerden, Sorgen und Fragen immer an ihre Hebamme oder den Frauenarzt wendet.

Denn in vielen Fällen kann einer Frühgeburt durch die Gabe bestimmter Medikamente und durch strenge Bettruhe vorgebeugt werden. Haben jedoch einmal die Wehen eingesetzt, kann die Geburt oft nicht mehr gestoppt werden. Umso wichtiger ist es, dass sich deine Partnerin, sofern für sie das Risiko einer Frühgeburt besteht, schont und so viel wie möglich ausruht.

Dank des technischen Fortschrittes und der heutigen Zeit, in welcher wir leben, können sehr viele Frühgeburten gut versorgt werden, um überleben und später ein ganz normales Leben führen zu können. Allerdings ist es ein Unterschied, ob ein Baby zum Anfang des zweiten Trimesters oder in der Mitte des dritten Trimesters geboren wird – obwohl beide Geburten als Frühgeburt bezeichnet werden, liegen die Überlebenschancen im ersten Fall bei einer sehr viel geringeren Prozentzahl als bei dem zweiten Fall.

Die Fehlgeburt

Es ist etwas, worüber man am liebsten nicht sprechen würde. Noch lieber wäre es allen Paaren, wenn man dieses Risiko einfach eliminieren könnte, sodass man den Begriff „Fehlgeburt“ erst gar nicht in seinen Wortschatz aufnehmen muss.

Doch leider gibt es immer wieder Fehlgeburten, welche dazu führen, dass die Frau das Kind verliert. Es ist ein Thema, über welches in der heutigen Zeit immer noch viel zu wenig gesprochen wird, welches jedoch einige Frauen und Männer betrifft.

Oft ist die Fehlgeburt das erste Risiko, an welches Frauen und Männer denken, sobald sie den positiven Schwangerschaftstest in der Hand halten. Die unendliche Freude weicht der großen Angst davor, das Baby verlieren zu können.

Interessant!

Zwar gilt das erste Trimester der Schwangerschaft als das risikoreichste, doch es gibt leider zu keinem Zeitpunkt der Schwangerschaft die Gewissheit darüber, dass das Risiko einer Fehlgeburt bei 0 Prozent liegt. Wie sagt man so schön? – „Das Leben ist lebensgefährlich". Eine Fehlgeburt kann sich sowohl zum Anfang der Schwangerschaft als auch gegen Ende manifestieren.

Allerdings kündigt sich eine Fehlgeburt, vor allem, wenn diese in einem späteren Stadium der Schwangerschaft erfolgen sollte, im Voraus an. Oft können Fehlgeburten durch eine bestimmte Medikation und viel Ruhe und Entspannung seitens der Frau verhindert werden. Ein Grund mehr, deine Partnerin darin zu bestärken auf ihr Bauchgefühl und auf ihre Intuition zu hören – wenn sie denkt, dass etwas nicht in Ordnung ist, sollte sie nicht zögern die Hebamme oder den Frauenarzt zu kontaktieren.

Weitere Komplikationen

Du hast inzwischen ausreichend Stoff zur Verfügung, aus welchem du dir deinen ganz persönlichen Horrorfilm zusammenstellen kannst – Spaß beiseite! Es ist wichtig, über die möglichen Komplikationen in der Schwangerschaft Bescheid zu wissen, allerdings solltest du dieses Wissen nicht zum Anlass nehmen, bei jedem kleinsten Weh-Wehchen Alarm zu schlagen. Deine Partnerin braucht dich und kann es nicht gebrauchen, wenn du ihr Stress und Aufregung machst, weil du Steven Spielberg nachahmst und ein Horrorszenarium nach dem anderen kreierst. Vorsicht ist gut und richtig, allerdings sollte dies nicht ausarten und darin münden, dass du deine Partnerin in Watte packst und sie sich nicht mehr bewegen darf, weil es dein Baby gefährden könnte.

Neben den genannten Komplikationen gibt es weitere Beschwerden und Komplikationen, welche während der Schwangerschaft auftreten könnten. Es handelt sich unter anderem um:

- Die Muttermundschwäche
- Vorzeitige Wehen
- Die Gebärmuttermyome
- Plazentakomplikationen
- Den Gallenstau
- Zu viel oder auch zu wenig Fruchtwasser
- Die Übertragung
- Den vorzeitigen Blasensprung
- Schwangerschaftsbedingte Hauterkrankungen

Allerdings wollen wir nicht weiter auf diese Komplikationen eingehen, sondern uns nun den deutlich schöneren und positiveren Dingen der Schwangerschaft widmen. Wie gesagt, es ist gut, den Feind zu kennen, allerdings sollte man sich nicht von der Gewalt, welche in ihm steckt, auf seine Seite ziehen und sich von ihm einvernehmen lassen. Genieße die Zeit der Schwangerschaft, sei wachsam, zu derselben Zeit aber auch rational, positiv und vor allem glücklich und gespannt darauf, was die Zeit mit sich bringt.

Wo soll die Geburt stattfinden und welche Rolle spielt die Hebamme?

Früher war es keine Frage, wo das Baby auf die Welt kommt – es war Gang und Gebe, dass die Frau das Kind zu Hause auf die Welt bringt und dafür nicht in ein Krankenhaus fährt.

Auch, wenn eine solche Hausgeburt für lange Zeit sehr verschrien war und Frauen lieber die Sicherheit des Krankenhauses für die Geburt ihres Babys gewählt haben, erfreut sich die Hausgeburt in der heutigen Zeit einer immer größer werdenden Beliebtheit. Grund dafür sind unter anderem die intime Atmosphäre während der Geburt und auch die Tatsache, sich direkt nach der Geburt, gemeinsam mit dem Mann und dem Baby in den eigenen vier Wänden erholen und entspannen zu können.

Wer hingegen einen Mix zwischen der Hausgeburt und dem Krankenhaus genießen möchte, kann sich auch für das Geburtshaus entscheiden, in welchem die gemütliche und intime Atmosphäre bis zu einem gewissen Grad ermöglicht werden, zu derselben Zeit aber auch sichergestellt wird, dass die Frau und das Baby medizinisch versorgt und im Zweifelsfall auf dem schnellsten Weg in Krankenhaus gefahren werden können.

Hält man es also kurz und knapp fest, kann sich deine Frau für eine Geburt:

- im Krankenhaus

- im Geburtshaus
- zu Hause in den eigenen vier Wänden

entscheiden.

Bei der Geburt handelt es sich um eine ganz individuelle und intime Angelegenheit, sodass es ganz alleine die Entscheidung deiner Partnerin ist, wo sie entbinden möchte. Sicherlich darfst du ihr als werdender Vater deine Gedanken mitteilen, doch das letzte Wort liegt bei ihr. Die Frau muss sich während der Geburt entspannen können, was nur der Fall ist, wenn sie die Möglichkeit hat unter der Atmosphäre zu entbinden unter welcher sie sich sicher und gut aufgehoben fühlt. Das mag für eine Frau das Krankenhaus, für eine andere Frau das Geburtshaus und für wieder eine andere Schwangere das Wohnzimmer in den eigenen vier Wänden sein.

Natürlich ist es in diesem Zusammenhang auch wichtig und interessant zu wissen, dass alle drei Optionen jeweils Vorteile und Nachteile mit sich bringen. Aus diesem Grund sollten du und deine Partnerin auch nicht zu lange warten, bis ihr euch auf die Suche nach dem richtigen Geburtsort macht. Nehmt euch Zeit, um euch Kliniken und Geburtshäuser anzusehen oder euch nach einer Hebamme umzusehen, welche Hausgeburten begleitet und durchführt.

Interessant!

Nicht jede Hebamme ist bereit dazu, eine Hausgeburt zu begleiten. Nur wenige Hebammen bieten ihre Leistungen in der Form der Begleitung während der Hausgeburt an. Aufgrund der steigenden Nachfrage nach Hausgeburten in der heutigen

Zeit ist es wichtig, dass du und deine Partnerin euch rechtzeitig um eine passende Hebamme kümmert sofern ihr eine Hausgeburt plant.

Die Geburt im Krankenhaus

Die wohl bekannteste Form der Geburt ist die der Entbindung im Krankenhaus. Auch, wenn Hausgeburten immer mehr an Beliebtheit gewinnen, ist es oft keine Frage nach dem „wo" eine Frau entbindet. Menschen gehen in der Regel davon aus, dass die Geburt in einem Krankenhaus stattfindet.

Interessant!

Krankenhäuser bieten Kreissaalbesichtigungen an, zu welchen du dich anmelden kannst, um nicht nur den Kreissaal zu besichtigen, sondern auch die Vorgehensweise des Krankenhauses besser kennenzulernen. Wie gehen sie mit dem Thema „Kaiserschnitt" oder auch „natürliche und selbstbestimmte Geburt" um? Wird eher schnell ein Kaiserschnitt gemacht oder wird so gut es geht auf medizinische Intervention verzichtet? Gibt es eine Badewanne? Kann im Wasser entbunden werden? Nimm das Angebot der Kliniken an und gehe gemeinsam mit deiner Partnerin zu den Besichtigungen, sodass ihr euch ein besseres Bild über die Kliniken und die jeweiligen Räumlichkeiten und Vorgehensweisen machen könnt.

Die Vorteile

- Die medizinische Versorgung ist gegeben.
- Das Fachpersonal kann bei möglichen Komplikationen direkt handeln.
- Unter der Geburt kann die Frau Medikamente für die Linderung der Schmerzen erhalten.

- Nach der Geburt berät das Fachpersonal bezüglich der Grundhygiene des Babys (Windeln wechseln und auch Baden) und unterstützt auch beim Stillen.
- Frühgeburten oder Risikoschwangere sind in einem Krankenhaus am besten aufgehoben!

Die Nachteile:

- Die Hebammen und Ärzte, welche die Geburt begleiten, können aufgrund des Schichtdienstes immer wieder wechseln.
- Sonderwünsche können nur schlecht erfüllt werden, da es sich beim Klinikalltag um einen streng organisierten und strukturierten Alltag handelt.
- Es kann durchaus hektisch werden, wenn mehrere Geburten zu derselben Zeit stattfinden.
- Die intime Privatsphäre kann nicht immer sichergestellt und gewährleistet werden.

Die Geburt im Geburtshaus

Wenn sich deine Partnerin dazu entschließt, euer Kind in einem Geburtshaus auf die Welt zu bringen, entscheidet sie sich, im Grunde genommen, für eine Kombination aus Krankenhaus und Hausgeburt.

In einem Geburtshaus arbeiten Hebammen, welche speziell darin ausgebildet sind, Frauen unter der Geburt zu begleiten und auch bei möglichen Komplikationen direkt handeln zu können.

Interessant!

Geburtshäuser sind in der Regel sehr beliebt und haben sehr viele Anfragen. Es ist aus diesem Grund sinnvoll, dass du und deine Partnerin früh genug ein Geburtshaus wählt und euch für die Geburt eures Kindes dort anmeldet.

Die Vorteile:

- Die Atmosphäre ist deutlich entspannter als im Krankenhaus.
- Es gibt nicht die Vielzahl an Bakterien und Keimen, wie es im Krankenhaus der Fall ist.
- Du darfst mit im Geburtshaus übernachten, falls dein Baby beschlossen hat, es noch ein paar Wehen spannender zu machen und auf sich warten zu lassen.
- Professionelle Hebammen begleiten die Geburt und sind auch auf Risiken eingestellt.

- Bei Problemen wird deine Partnerin mit dem Baby schnell in das nächste Krankenhaus gefahren.

Die Nachteile:

- Die Verlegung in das Krankenhaus bei Komplikationen kostet Zeit und bedeutet Stress.
- Es kann sein, dass die Frau unter der Geburt reißt oder auch einen Blutsturz erleidet – in diesem Fall muss sie ins Krankenhaus und kann nicht bei ihrem Baby im Geburtshaus bleiben.
- Die Geburt im Geburtshaus ist nicht für Frauen geeignet, welche eine Risikoschwangerschaft haben oder aufgrund gesundheitlicher Umstände mit Komplikationen unter der Geburt rechnen müssen.

Die Geburt zu Hause

„Früher war alles besser!" – ein bekannter Spruch, welcher immer noch gerne in den Mund genommen wird. Die Aussage, dass „alles" besser war, sei nun einmal dahingestellt, doch mit Sicherheit waren die Geburten in den eigenen vier Wänden (wenn sie auch ungewollt zu Hause stattgefunden haben und es schlicht und ergreifend keine Alternative gab) deutlich intimer, als es die Geburten im Krankenhaus sind.

Wenn deine Partnerin eine Hausgeburt haben möchte, solltest du gemeinsam mit ihr sicherstellen, eine gute Hebamme zu wählen und für den Notfall das nächste Krankenhaus in unmittelbarer Nähe zu haben.

Die Vorteile:

- Unter der Geburt herrscht eine sehr ruhige, intime und vor allem private Atmosphäre. Die Frau kann sich oft sehr viel besser und einfacher entspannen. Je entspannter die Frau unter der Geburt ist, umso positiver kann sich dies auf den gesamten Verlauf der Geburt auswirken.
- Weder du, noch deine Partnerin noch euer Baby kommen in den Kontakt mit Bakterien, wie es im Krankenhaus der Fall wäre.
- Die Hebamme ist die ganze Zeit hinweg bei der Geburt dabei und wird nicht aufgrund eines Schichtwechsels von einer anderen Hebamme abgelöst.

Die Nachteile:

- Bei Komplikationen muss die Frau direkt in das nächste Krankenhaus verlegt werden.
- Eine Infrastruktur mit umfangreicher medizinischer Rund-umversorgung, wie es im Krankenhaus der Fall ist, ist nicht gegeben.
- Das Essen und das Putzen nach der Geburt müssen du und deine Partnerin selbst übernehmen.

Die ambulante Geburt im Krankenhaus

Viele Frauen und auch ihre Partner stehen vor einem großen Dilemma, wenn sie sich mit der Frage beschäftigen, wo das Baby auf die Welt kommen soll.

Denn, auf der einen Seite wollen viele Frauen in den Genuss der sicheren und geschützten Atmosphäre eines Krankenhauses kommen, auf der anderen Seite aber die intime Privatsphäre der eigenen vier Wände genießen.

Dieses Dilemma kann aber ganz einfach gelöst werden, ohne dass sich die Frau vollkommen für einen Aufenthalt im Krankenhaus, noch für die Geburt zu Hause in den eigenen vier Wänden entscheiden muss – es handelt sich um die ambulante Geburt.

Unter der ambulanten Geburt versteht man, dass sich die Frau für die Geburt in das Krankenhaus begibt, dieses jedoch kurz nach der Geburt gemeinsam mit dem Baby verlässt, um sich zu Hause in der intimen und privaten Atmosphäre der eigenen vier Wände entspannen zu können.

Interessant!

Auch bei der ambulanten Geburt kann es natürlich vorkommen, dass es zu Komplikationen kommt und die Hebammen oder auch Ärzte dazu raten, lieber eine Nacht im Krankenhaus zu bleiben. Es sollte immer bedacht werden, dass die eigene Sicherheit und die Sicherheit des Kindes an der ersten Stelle stehen. Oft verlaufen Geburten aber vollkommen ohne Komplikationen, sodass deine Partnerin, auf

Wunsch, eine ambulante Geburt durchführen und das Krankenhaus nach der Geburt direkt wieder verlassen kann.

Die Rolle der Hebamme in der Schwangerschaft und unter der Geburt

In der Regel gehen du und deine Partnerin gemeinsam zu den Vorsorgeuntersuchungen, welche beim Frauenarzt stattfinden. Er führt den Ultraschall durch und verschreibt, nach Bedarf auch die entsprechenden Medikamente.

Doch der Frauenarzt ist nicht die einzige kompetente Fachkraft, welcher deine Frau die Schwangerschaft hinweg begleiten und untersuchen kann. In der Tat wird der Frauenarzt deiner Partnerin bereits zum Anfang der Schwangerschaft darauf hinweisen, dass ihr euch frühzeitig um eine Hebamme für die Vorsorge und die Nachsorge kümmern solltet.

Interessant!

Einige Frauenärzte bieten bereits in ihrer Praxis die Möglichkeit an, von einer Hebamme begleitet zu werden. Oft ist das sehr praktisch, da der Frauenarzt und die Hebamme somit in ein und derselben Praxis sitzen, du und deine Partnerin seid aber nicht gezwungen dieses Angebot anzunehmen.

Die Hebamme spielt während und auch nach der Geburt eine sehr wichtige Rolle, da sie mit ihrem Wissen und ihrer fachlichen Kompetenz unter anderem dazu in der Lage ist, Untersuchungen während der Schwangerschaft durchzuführen, die Geburt zu begleiten und auch deine Partnerin und dein Baby nach der Geburt zu unterstützen und zu begleiten.

Während der Schwangerschaft

Eine Hebamme ersetzt an und für sich keinen Frauenarzt, doch man könnte, wenn man wollte, die gesamte Schwangerschaft rein von einer Hebamme begleiten lassen. Sie hat das Wissen und auch die Ausstattung, mit welcher die werdende Mutter und das Baby untersucht und begleitet werden können.

Vor allem Frauen, welche zum ersten Mal Mutter werden und auch Väter, welche zum ersten Mal Vater werden, fühlen sich der schönen, aber zu gleich auch sehr neuen und ungewissen Situation ausgeliefert, sodass sie umso dankbarer sind, wenn sie eine professionelle Fachkraft an ihrer Seite haben, welche sie bei Fragen und Problemen tatkräftig unterstützt.

Am besten ist es, wenn sich deine Partnerin mit dem positiven Schwangerschaftstest sowohl nach einem Frauenarzt als auch einer Hebamme umsieht.

Während der Schwangerschaft handelt es sich bei den Fähigkeiten der Hebamme um die Folgenden:

- Feststellen der Schwangerschaft
- Ausstellen des Mutterpasses
- Durchführung fast aller Vorsorgeuntersuchungen, welche im Mutterpass vorgesehen sind.

- Kontrolle des Blutdrucks.
- Prüfen der Größe und der Lage des Kindes.
- Untersuchung und Prüfung der Herztöne.
- Angebot unterschiedlicher Kurse, wie zum Beispiel Geburtsvorbereitungskurse, Yoga für Schwangere, etc. (am besten fragt deine Partnerin ihre Hebamme einfach nach Kursen und Angeboten, welche sie neben der Vorsorge in der Schwangerschaft anbietet).

Zudem sind die Hebammen oft der erste Ansprechpartner, wenn deine Partnerin Fragen rund um die Schwangerschaft, sowie Probleme und Beschwerden hat. Überschreiten die Beschwerden die Kompetenz der Hebamme, wird sie deine Partnerin an den Frauenarzt weiterleiten, wobei sie jedoch oft die meisten Beschwerden ohne Probleme handhaben kann.

Interessant!

Im Grunde genommen kann eine Hebamme eine Schwangerschaft rundum begleiten. Ausschließlich die Ultraschalluntersuchungen sind dem Frauenarzt vorbehalten. Wer auf die Ultraschalluntersuchungen verzichten kann, könnte die Schwangerschaft folglich auch nur von einer Hebamme begleiten lassen.

Während der Geburt

Auch während der Geburt spielt die Hebamme eine wichtige Rolle für deine Partnerin und das Baby.

Interessant!

Bei der Wahl der Hebamme ist es immer wichtig direkt zu klären, ob diese die Vorsorge und die Nachsorge, nur die Vorsorge oder nur die Nachsorge oder, im Falle einer geplanten Hausgeburt, die Vorsorge, die Geburt und die Nachsorge übernehmen soll.

Oft hat man für die Vorsorge und die Nachsorge ein und dieselbe Hebamme, wobei die Hebamme unter der Geburt im Krankenhaus jedoch oft eine andere ist. Im Geburtshaus und bei einer Hausgeburt kann das anders sein. Am besten ist es, wenn du und deine Partnerin direkt mit der Hebamme über die Leistungen sprecht und sie direkt fragt, ob sie auch bei der Geburt dabei sein kann.

Auch, wenn die Geburt im Krankenhaus stattfindet, wird diese oft von Hebammen begleitet. Ein Arzt wird eigentlich nur dann zu Rate gezogen, wenn es zu Komplikationen kommen sollte. Andernfalls sind einzig und alleine die Hebammen für die Geburt zuständig – auch im Krankenhaus!

Interessant!

In Deutschland ist es gesetzlich festgelegt, dass eine Hebamme bei der Geburt anwesend sein muss! Während es keine Pflicht ist, dass ein Arzt die Geburt begleiten muss. So darf eine Hebamme eine Geburt alleine ohne Arzt durchführen ein Arzt die Geburt aber nicht ohne eine Hebamme begleiten!

Unter der Geburt, kümmert sich eine Hebamme um die folgenden Aspekte:

- Sie lässt die Frau selbstbestimmt gebären.
- Sie greift nur ein, wenn es notwendig ist.
- Sie misst, wie weit der Muttermund schon geöffnet ist und wie viele Zentimeter noch fehlen.
- Sie überprüft und beobachtet den Geburtsverlauf, um bei einer Komplikation oder in einem Notfall den Arzt zu Rate ziehen zu können.

Nach der Geburt – im Wochenbett

Eine Hebamme begleitet deine Partnerin nicht nur in der Schwangerschaft und während der Geburt, sondern ist auch nach der Geburt – im Wochenbett – der erste Ansprechpartner, wenn es um das Wohl und die Gesundheit von Mutter und Kind geht.

In der Regel kommt die Hebamme direkt nach der Geburt zu dir und deiner Partnerin nach Hause und besucht euch dann alle paar Tage, um das Kind zu wiegen und allgemein nach dem Wohlbefinden zu fragen.

Zusammengefasst belaufen sich die Aufgaben der Hebamme nach der Geburt auf folgende Punkte:

- Medizinische Versorgung sowohl von Mutter als auch Baby.
- Beratung und Hilfe beim Stillen.
- Förderung der Bindung zwischen Mutter und Kind.
- Angebot unterschiedlicher Kurse, wie zum Beispiel Rückbildungskurse, Babymassage oder auch Erste-Hilfe-Kurse für Babys und Kinder.
- Hilfestellung bei Schwierigkeiten und Problemen seitens der frischgebackenen Eltern.
- Vermittlung zu anderen Kontakten, wenn es zu Krisensituationen kommen sollte (zum Beispiel Selbsthilfegruppen, unterschiedliche Beratungsstellen,…)

So gelingt die Suche nach der richtigen Hebamme

Natürlich sollte eine Hebamme immer fachlich kompetent sein, um die Schwangerschaft, die Geburt und anschließend auch das Wochenbett gut und zuverlässig begleiten zu können. Zu derselben Zeit ist es aber auch wichtig, dass sich deine Partnerin mit der Wahl der Hebamme wohlfühlt und ihr vertraut. Schließlich sind die Schwangerschaft, die Geburt und auch das Wochenbett äußerst intime Phasen im Leben, welche nicht von einer Hebamme begleitet werden sollten, mit welcher sich deine Partnerin nicht versteht.

Es sollte also sowohl fachlich als auch menschlich passen, um eine gute Wahl bezüglich der Hebamme zu treffen.

Interessant!

Hebammen sind nachgefragt. Viele Frauen suchen nach einer Hebamme und vor allem in geburtsstarken Regionen ist es wichtig, sich rechtzeitig auf die Suche nach einer Hebamme zu machen. Es ist sinnvoll bereits mit dem positiven Schwangerschaftstest nach einer Hebamme zu suchen, um nicht in Zeitdruck zu kommen. Denn jede Hebamme hat bestimmte Kapazitäten, über welche sie nicht hinausgehen kann.

Die Suche nach der Hebamme gestaltet sich, an und für sich, nicht weiter schwer. So kann man sich vor allem über das Internet eine gute und detaillierte Übersicht über all die Hebammen verschaffen, welche ihre Leistungen in der unmittelbaren Umgebung anbieten.

Nach Bedarf kann sich deine Partnerin auch bei Freunden und Bekannten umhören, welche bereits ein Baby bekommen hatten und ebenfalls die Leistungen einer Hebamme in Anspruch genommen haben. Möglicherweise befindet sich unter ihnen jemand, der eine bestimmte Hebamme empfehlen kann.

Es kann auch direkt in einem Geburtshaus nachgefragt werden, inwiefern die dort tätigen Hebammen die Frauen bereits während der Schwangerschaft und auch nach der Geburt begleiten und betreuen.

Gibt es bestimmte Dinge, welche bei der Suche nach der Hebamme beachtet werden sollten?

Bei der Suche nach der Hebamme gibt es, im Grunde genommen, nicht viel zu beobachten, dennoch kannst du dich gemeinsam mit deiner Partnerin an einigen Stichpunkten orientieren, um eine gute Hebamme für die Zeit der Schwangerschaft, die Geburt und auch die Nachsorge finden zu können.

Einige wichtige Stichpunkte und Fragen, an welchen ihr euch in diesbezüglich orientieren könnt, sind:

1. Führt die Hebamme auch Hausgeburten durch?
2. Handelt es sich um eine Begleit-Beleghebamme, welche auch mit ins Krankenhaus oder in das Geburtshaus kommt und die Geburt dort begleitet oder führt sie „nur" die Vorsorge und die Nachsorge oder eines von beiden durch?
3. Bietet die Hebamme zusätzliche Kurse an, von welcher deine Partnerin oder gar ihre beide als werdende Eltern profitieren könnt?
4. Wie alt ist die Hebamme? Das ist eine Frage, welche für einige Frauen vollkommen unerheblich, für andere jedoch fundamental ist, um sich mit der Hebamme wohlzufühlen. So haben es einige Frauen lieber, wenn sich die Hebamme circa

in ihrem Alter befindet, während andere Frauen sich mit einer etwas älteren Hebamme, also einer mütterlichen Figur wohler und sicherer fühlen.

Erstausstattung – was braucht man wirklich?

Wenn du einmal durch die Kinderabteilung eines Kleidungsgeschäftes gelaufen bist und dabei die Augen weit offen gehalten hast, wirst du festgestellt haben, dass es eine sehr große und umfangreiche Auswahl an vielen unterschiedlichen Kleidungsstücken für kleine Kinder und Babys gibt.

Da gibt es von Kleidern über Röcke bis zu Anzug und Krawatte für kleine Gentlemans alles, was das Herz begehrt. Im Grunde genommen könntest du, wenn du das wollen würdest, Unmengen an Geld ausgeben, um dein Baby von oben bis unten einzukleiden.

Bei dem großen Angebot und der riesigen Auswahl, bei welcher es dir so vorkommen wird, als ob du den Wald vor lauter Bäumen nicht mehr sehen kannst, wird bei dir mit Sicherheit die berechtigte Frage aufkommen, was du von der großen Auswahl wirklich brauchst.

Die Erstausstattung des Babys – ein Thema, über welches sich viele werdenden Eltern den Kopf zerbrechen. Oft weiß man gar nicht, wo man anfangen soll, was man wirklich braucht und was eigentlich vollkommen überflüssig ist.

´Es ist vollkommen normal, dass du und deine Partnerin am liebsten den ganzen Laden aufkaufen würdet, wenn ihr all die schönen und süßen Anziehsachen für die Babys seht – von Schühchen und anderen

Accessoires, wie zum Beispiel Haarbändern etc. gar nicht erst zu sprechen.

Allerdings solltest du in diesem Zusammenhang immer ein paar wichtige Dinge und Aspekte im Hinterkopf behalten:

1. Dein Baby wächst vor allem in seinem ersten Lebensjahr sehr schnell, sodass es sein kann, dass ihm ein Kleidungsstück an einem Tag perfekt passt, es am nächsten Tag bereits drückt und nach drei Tagen vollkommen zu klein ist.
2. Du wirst von Freunden und Bekannten viel geschenkt bekommen, sodass die Gefahr besteht, deinem Baby gar nicht alles anziehen zu können, weil du viel zu viel Auswahl hast und dein Kind viel zu schnell wächst.
3. Die Erstausstattung ist gar nicht so groß und umfangreich, wie immer angenommen wird – im Grunde genommen reichen einige wenige Basics aus, um dein Baby für jeden Anlass zu kleiden.

Natürlich kannst du gemeinsam mit deiner Partnerin Accessoires kaufen und den Kleiderschrank eures Babys füllen, doch in diesem Fall ist es immer besser, die Sachen direkt etwas größer zu kaufen, um sicherstellen zu können, dass das Baby diese auch wirklich tragen wird.

Interessant!

So schön und süß die vielen Kleidchen und Anzüge auch sein mögen – nicht immer sind sie wirklich gemütlich und angenehm auf der Haut zu tragen. Du solltest bei der Wahl der richtigen Kleidung immer darauf achten, dass es sich um weiche und angenehm auf der Haut zu tragende Kleidung handelt. Dein Baby darf sich nicht eingeengt fühlen und muss sich frei bewegen können.

Doch, was gehört nun zu der Erstausstattung dazu? Wann ist der Punkt gekommen, deiner shoppingsüchtigen Partnerin, welche bereits das zehnte Kleid in ihrer Hand hält, die Kreditkarte aus der Hand zu nehmen?

Was gehört neben den Anziehsachen zu der Erstausstattung dazu? Braucht man wirklich einen Kinderwagen? Wie wichtig ist die Ausstattung im Kinderzimmer?

Die Kleidung – das braucht das Baby wirklich

Im Grunde genommen, ist die Kleidung für die Babys immer dieselbe – ganz egal, zu welcher Jahreszeit sie geboren werden. Allerdings muss bei gewissen Extras und Details ein Unterschied darin gemacht werden, ob das Baby im Sommer oder im Winter auf die Welt kommt. Denn, wie du dir bereits denken kannst, ist es im Sommer deutlich wärmer und im Winter kälter, sodass das Baby in dem Rahmen der Erstausstattung über bestimmte Accessoires verfügen muss.

Aus diesem Grund unterscheidet man bezüglich der Erstausstattung für Babys zwischen der fundamentalen Grundausstattung und den Accessoires, welche Winter- und Sommerbabys jeweils brauchen.

Die Grundausstattung

Die Grundausstattung, über welche du auf jeden Fall verfügen solltest, wenn dein Baby kommt, setzt sich aus den folgenden Kleidungsstücken zusammen:

- 11 Bodys aus angenehm auf der Haut aufliegenden Baumwolle
- 7 dünne Pullover oder nach Bedarf auch T-Shirts
- 7 Hosen oder Strampler, ebenfalls aus Baumwolle (es gibt zwar auch sehr viele süße Jeans auf dem Markt zu kaufen, allerdings bestehen diese aus einem sehr viel festeren Stoff, mit welchem sich das Kind schnell unwohl und eingeengt fühlen kann)

- 3 dünne Mützchen, welche sich an den geschätzten Kopfumfang anpassen, welcher in dem Rahmen der Ultraschalluntersuchungen von dem Frauenarzt bestimmt wurde. In der Regel ist es sinnvoll die Mützen in den beiden Größen 35 und 37 zu kaufen.
- 3 dünne Baby-Jäckchen.
- 2 Dreieckstücher.
- 4 Strumpfhosen oder auch Leggins.
- 4 Schlafanzüge oder nach Bedarf auch Overalls.
- 3 Mullwindeln oder auch Spucktücher genannt.
- 5 Paar dünne Söckchen.

Zu dieser Grundausstattung gesellen sich die Accessoires, welche du basierend auf der Tatsache kaufen musst, ob es sich bei deinem Baby um ein Sommer- oder um ein Winterbaby handelt.

Sommerbaby:

Handelt es sich bei deinem Baby um ein Baby, welches im Sommer geboren werden soll, solltest du neben der genannten Grundausstattung sicherstellen, dass folgende weitere Accessoires vorhanden sind:

- 3 kurze Hosen
- 3 kurze Shirts aus Baumwolle
- 1 Sonnenhut oder eine Mütze (wichtig ist, dass die Kopfbedeckung über einen integrierten UV-Schutz verfügt)

- 3 dünne Baumwoll-Jäckchen für die kühleren Abende im Sommer oder auch für windige Tage.
- 1 dünner Schlafsack

Winterbaby:

Es ist immer einfach, dem Baby im Sommer etwas auszuziehen, wenn es zu warm angezogen ist. Bei einem Winterbaby ist das hingegen nicht so einfach und es muss vor dem Kauf der Erstausstattung sichergestellt werden, dass die richtigen Bestandteile im Einkaufskorb landen. Nur so kann das Baby schön und angenehm warmgehalten werden.

Zu den Accessoires, über welche ein Winterbaby auf jeden Fall verfügen sollte, gehören:

- 2 Paar Thermo-Handschuhe
- 2 paar warme Socken
- 2 warme Thermo-Overalls
- 1 dicker Schlafsack

Das mag auf den ersten Blick nicht sonderlich viel sein – vor allem, wenn du gemeinsam mit deiner Partnerin schon mehrmals durch die Babyabteilung des Kleidungsgeschäftes gelaufen oder in den Baby-Fachmarkt gefahren bist.

In der Tat gibt es noch weitere Dinge, welche mit zu der Erstausstattung des Babys dazugehören, allerdings handelt es sich bei diesen mehr um optionale Dinge, welche du dir unter gewissen Umständen mit zu der Erstausstattung dazukaufen kannst.

Denn, bevor du dir beispielsweise einen warmen Fußsack für den Kinderwagen kaufst, solltest du dir die Frage stellen, ob du überhaupt einen Kinderwagen kaufen möchtest. Die Frage scheint im ersten Moment etwas komisch zu sein, da ein Kinderwagen eigentlich zu der Grundausstattung eines Babys dazugehört. Doch in der heutigen Zeit entscheiden sich immer mehr Menschen gegen den Kauf eines Kinderwagens, wählen dafür aber den Kauf eines guten Tragetuches.

Das liegt an den vielen Vorteilen, welche die Verwendung eines Tragetuches mit sich bringt:

- Das Kind hat die ganze Zeit über einen engen Körperkontakt zu der Mutter oder zu dem Vater.
- Du hast die Hände frei und kannst trotzdem ganz nah bei deinem Baby sein.
- Das Kind kommt, sofern das Tragetuch richtig gebunden ist, in die richtige Anhock-Spreizstellung, was für die Entwicklung der Hüfte sehr wichtig ist.
- Du musst nicht immer Platz für deinen Kinderwagen suchen, wenn du mit öffentlichen Verkehrsmitteln unterwegs bist.
- Mit dem Tragetuch sind auch Bergwanderungen ohne Probleme möglich. Allgemein kannst du dich besser fortbewegen, als mit dem Kinderwagen.

Am besten wendest du dich direkt an die Hebamme deiner Partnerin, welche dich entweder selbst bezüglich des Tragens beraten kann oder dich kompetent an eine Trageberatung vermittelt.

Weitere mögliche Bestandteile der Erstausstattung

Weitere mögliche Bestandteile, welche mit zu der Erstausstattung des Babys dazugehören können, sind unter anderem:

- Der Kinderwagen
- Der Regenschutz oder der Sonnenschutz (nach Bedarf auch Sonnenschirm oder Sonnensegel) für den Kinderwagen
- Fußsack für den Kinderwagen
- Ein Tragetuch
- Eine Wickeltasche
- Eine Wickelunterlage

Das Kinderzimmer – wie, wo, was, wann?

Die Schwangerschaft und die Zeit nach der Geburt des Babys sind, wenn man es so sehen möchte, zwei verschiedene Welten. Ansichten, welche du vielleicht vor der Geburt des Kindes hast, können sich mit der Ankunft des Babys schlagartig ändern und auch Einstellungen können sich mit einem Mal vollkommen umdrehen.

Viele Paare gehen am Anfang der Schwangerschaft davon aus, dass das Baby mit der Geburt direkt im eigenen Zimmer schlafen wird, was dazu führt, dass sich viele Paare bereits sehr früh mit dem Einrichten des Babyzimmers beschäftigen.

Interessant!

Natürlich ist es schön, durch die Baby-Möbelabteilung des Möbelhauses zu schlendern und sich die einzelnen Bestandteile auszusuchen, welche gemeinsam das Babyzimmer ergeben sollen. Babyzimmer sehen immer schön und süß aus, doch in den meisten Fällen schläft das Baby nach der Geburt und auch noch viele Jahre danach mit in dem Bett oder zumindest in dem Zimmer der Eltern. Das ist vollkommen normal und natürlich, weshalb viele Möbel, welche teuer für das Babyzimmer gekauft werden, oft gar nicht in Gebrauch genommen werden. Sinnvoller ist es, sich auch in diesem Fall minimal zu halten und das Zimmer einzurichten, wenn das Baby wirklich bereit dazu ist, alleine zu schlafen. Wann das ist, kann von Kind zu Kind unterschiedlich sein.

Natürlich kannst du bereits während der Schwangerschaft eine Bindung zu einem Baby im Inneren des Bauches deiner Partnerin aufbauen, doch der wirkliche Papa-Instinkt macht sich erst nach der Geburt breit. Es kann sein, dass du vor der Geburt davon überzeugt bist, das Baby von Tag 1 an in seinem Bettchen schlafen zu lassen, während du mit der Geburt deines Babys direkt den Instinkt verspürst, es beschützen und nicht mehr aus dem Arm geben zu wollen.

Da es von Elternpaar zu Elternpaar unterschiedlich ist, welche Bestandteile in dem Kinderzimmer aufgestellt werden, kann es keine

Liste geben, an welcher man sich orientieren kann. Bespreche dich immer mit deiner Partnerin und überlegt euch gut, wie ihr es mit dem Schlafen eures Babys handhaben wollt.

Das Bettchen

Himmelbett, Schaukelbett, Beistellbett – wenn du einmal durch die Möbelabteilung gelaufen bist, wirst du festgestellt haben, dass es sehr viele unterschiedliche Varianten der Babybetten gibt, für welche du dich entscheiden kannst.

Welches ist das richtige Modell für dich, deine Partnerin und dein Baby? Diese Frage kann niemand, außer euch, für euch beantworten. Lasst euch aus diesem Grund Zeit, wenn es um die Wahl des richtigen Bettes geht, oder entscheidet euch schlicht und ergreifend für ein Familienbett.

Das Babybett	Das Babybett ist in der Regel ein Bett, welches allein in einem Raum steht – entweder stellt man es direkt in das Schlafzimmer der Eltern oder in das Babyzimmer. Da das Baby aber vor allem im ersten Lebensjahr (und auch anschließend) sehr nähe-bedürftig sein wird und auch gestillt oder mit der Flasche gefüttert werden muss, bedeutet es sowohl für dich und deine Partnerin als auch für euer Baby eigentlich nur Stress, wenn das Baby alleine im Bett in seinem Zimmer schläft.

Das Beistell-bett	Im Grunde genommen, kann man sagen, dass es sich bei einem Beistellbett um eine gewisse Art des Familienbettes handelt. Denn durch das Beistell-bett, welches direkt an dein Bett angebaut wird, wird die Liegefläche so vergrößert, dass dein Baby direkt neben dir oder neben deiner Partnerin im Bett schlafen kann, ohne herauszufallen.

Was ist das Familienbett und worin liegen seine Vorteile?

Der Begriff des Familienbettes ist bereits in dem Zusammenhang mit dem Beistellbett gefallen. Doch, worum handelt es sich bei einem Familienbett genau und worin liegen die Vorteile in dieser Art und Weise gemeinsam im Schlafzimmer zu schlafen?

Bei einem Familienbett handelt es sich, im Grunde genommen schlicht und ergreifend um die Tatsache, dass Mutter, Vater und Baby gemeinsam in einem Bett schlafen. In der Regel reicht es, wenn das Baby noch recht klein ist und nicht viel Platz in Anspruch nimmt aus, das ganz normale Doppelbett dafür zu nutzen.

Je größer das Baby wird und je mehr es zum Kleinkind heranwächst, umso mehr Platz nimmt es auch im Bett in Anspruch, weshalb viele Familien in diesem Rahmen ein Einzelbett an das Familienbett anbauen oder sich direkt ein King-Sized-Bett kaufen, in welchen alle Familienmitglieder angenehm Platz in ihm haben.

Interessant!

Viele Menschen denken, dass es gefährlich ist, gemeinsam mit dem Baby im Bett zu schlafen, weil man es aus Versehen erdrücken könnte. Allerdings ist der Mutter-Instinkt oder der Vater-Instinkt mit der Geburt des Kinds so ausgeprägt, dass es unmöglich ist, das Kind zu erdrücken.

Immer mehr Menschen entscheiden sich für die Option des Familienbettes, was auch auf die Tatsache zurückzuführen ist, dass immer mehr Menschen zurück zu der Natur gehen und sich nicht nur in der Schwangerschaft und bei der Geburt, sondern auch bezüglich der Kindererziehung so viel Natürlichkeit, wie nur möglich wünschen.

In der Tat bringt das Familienbett sehr viele Vorteile mit sich, von welchen nicht nur die Eltern, sondern auch die Kinder profitieren und je größer das Bett ist, umso mehr Geschwister haben zu derselben Zeit gemeinsam mit den Eltern Platz im Familienbett.

Die Vorteile des Familienbettes:

Wie schon gesagt, bringt das Familienbett viele Vorteile mit sich – sowohl für die Eltern als auch für die Babys und Kleinkinder. Es handelt sich dabei um die folgenden Vorteile:

- Das Baby und auch die Eltern genießen die Nähe – du wirst dich dabei erwischen, dass du dir immer wieder Sorgen um dein Baby machen wirst. Liegt es direkt neben dir, werden dich diese Sorgen nicht mehr plagen und es reicht aus, kurz den Blick zu öffnen, um zu sehen, wie es deinem Baby geht. Dasselbe gilt für das Baby – wenn es in der Nacht aufwacht und nach der Mutter oder dem Vater sucht, merkt es bereits an deinem Atemzug oder einer kurzen und sanften Berührung, dass es nicht alleine ist und kann direkt weiterschlafen, ohne zu weinen.

- Das Aufstehen in der Nacht entfällt (sofern deine Partnerin dein Baby stillt), da das Baby direkt an der Brust der Mutter trinken kann. Oftmals reicht es sogar vollkommen aus, dass das Baby sich selbst bedient und die Mutter somit nicht einmal wirklich aufwachen muss, um das Baby zu stillen.
- Die Bindung zwischen dir und dem Baby und auch deiner Partnerin und dem Baby wird alleine durch die Tatsache, dass ihr alle gemeinsam im Bett schlaft, gestärkt.
- Auch, wenn sehr viele Menschen Angst vor dem Familienbett haben, weil sie denken, dass das Kind ersticken könnte, besteht die Annahme bei einigen Eltern, dass das Kind durch die Nähe sehr viel entspannter ist und sich auch bezüglich des Atmens an den Atem der Eltern anpasst.

Interessant!

Es ist vollkommen normal, dass Babys ab und ab Aussetzer in der Atmung haben. Allerdings besteht die Annahme, dass sie durch den Atemzug der Eltern, welche sie im Familienbett neben sich hören können, automatisch weiteratmen. Wenn du einmal genau aufpasst, wirst du auch feststellen können, dass dein Baby dein Atem-Muster während es schläft nachahmt. Atmest du tief ein, macht dein Baby oft auch wenig später einen tiefen Atemzug. Bist du aufgeregt und amtest schnell und stockend wird sich das auch bei deinem Baby zeigen.

Grundsätzlich kann festgehalten werden, dass das Familienbett die Wünsche und Bedürfnisse von Babys und Eltern erfüllt und die richtigen Rahmenbedingungen bietet, welche du, deine Partnerin und dein Baby brauchen, um gut und entspannt schlafen zu können.

Allerdings sollte in diesem Zusammenhang auch angemerkt werden, dass das Familienbett nicht für alle Babys und alle Eltern geeignet ist. Wer sich schlicht und ergreifend nicht wohl mit dem Familienbett fühlt, sollte sich nicht dazu zwingen, gemeinsam im Bett zu schlafen oder sich vielleicht für die Variante des Beistellbettes oder das alleinstehende Babybett in unmittelbarer Nähe zu dem Elternbett entscheiden.

Die Nachteile des Familienbettes:

Wo es einen Vorteil gibt, muss es auch einen Nachteil geben, oder? Natürlich ist es nicht immer zwingend so, dass Vorteile mit Nachteilen einhergehen, doch natürlich gibt es in dem Rahmen des Familienbettes durchaus einige Nachteile zu bedenken, über welche man Bescheid wissen sollte.

Die Nachteile, welche das Familienbett mit sich bringen könnte, sind dabei folgende:

- Das Kind nimmt mit wachsender Größe immer mehr Platz in Anspruch. Auch kleine Kinder können bereits sehr viel Platz einnehmen, indem sie sich quer in das Bett legen und du während des Schlafens eine gewischt bekommst, einen Fuß in deinem Mund wiederfindest oder einen Tritt in den Bauch bekommst. (Dabei ist es oft auch egal, wie groß das Familienbett ist, da das Baby oder auch das Kleinkind in der Regel immer die Nähe der Eltern sucht.)
- Kissen und Bettdecken könnten eine Erstickungsgefahr darstellen, weshalb es wichtig ist im Voraus sicherzustellen, dass das Baby nicht ersticken kann.
- Die Intimität der Eltern kann durch das Baby gestört werden. Nicht, weil das Baby wach wird (oft haben Babys einen sehr tiefen und festen Schlaf), sondern weil du und deine Partnerin oder einer von euch beiden sich schlicht und ergreifend nicht wohl damit fühlt Sex zu haben, während das Baby daneben liegt. Allerdings gibt es für die Zweisamkeit auch Alternativen, wie das Gästezimmer oder die Couch… Wie sagt man so schön? „Wo ein Wille ist, ist auch ein Weg!"
- Kinder gehen in der Regel früher schlafen, als die Eltern, sodass du im Schlafzimmer leise sein musst, wenn du dich mit ins Bett legen, jedoch noch nicht schlafen möchtest.

Interessant!

So sehr Kritiker des Familienbettes das gemeinsame Schlafen der Eltern mit dem Baby auch kritisieren wollen – Babys werden nicht durch zu viel Liebe oder zu viel Zuwendung verwöhnt! Schenke deinem Baby so viel Liebe, Geborgenheit und Zuwendung, wie es braucht und, wie es sich für dich richtig anfühlt. Dein Vater-Instinkt enttäuscht dich in der Regel nicht.

Die Matratze

Wenn das Kind mit in dem Familienbett schläft, ist es eigentlich egal, auf welche Art und Weise die Matratze beschaffen ist. Das Baby schläft in diesem Fall einfach auf der Matratze, auf welcher du und deine Partnerin bislang geschlafen haben.

Sollte das Baby allerdings in seinem eigenen Babybett oder auch in einem Beistellbett schlafen, ist es wichtig, dass du gemeinsam mit deiner Partnerin die richtige Matratze wählst. Wie sich diese gestaltet, hängt ganz von dem Modell ab, für welches ihr euch entscheidet.

Interessant!

Unter all den Modellen, welche Hersteller auf dem Markt anbieten, gibt es unter anderem spezielle Matratzen, welche über ein integriertes Alarmsystem verfügen. Dieses schlägt immer Alarm, wenn das Baby nicht mehr atmet – zumindest steht dies auf den Angaben des Herstellers. Denn oft kann bezüglich dieser integrierten

Alarmsysteme nachgelesen werden, dass diese oft Fehlalarme auslösen. Viele Menschen fühlen sich vor allem von diesen Fehlalarmen verunsichert und können nicht mehr gut schlafen, weil sie Angst davor haben in jedem Moment die Alarmanlage klingeln zu hören.

Ganz egal für welche Matratze du und deine Partnerin euch entscheiden, ist es wichtig, dass ihr darauf achtet, dass die Größe der Matratze genau auf die Größe des Gestells abgestimmt ist.

Nur so könnt ihr euch darauf verlassen, dass diese weder zu groß, noch zu klein ist und das Baby nicht ungemütlich auf dieser liegt.

Die Wickelkommode

Woran denkt man in der Regel als erstes, wenn die Partnerin den positiven Schwangerschaftstest in der Hand hält? Richtig – die vollen Windeln, welche vermutlich mehrmals am Tag gewechselt werden müssen.

Die Frage, welche sich in diesem Zusammenhang nun stellt, ist die Frage danach, wo das Baby am besten gewickelt wird. Viele Menschen, vor allem aber die Möbelhäuser, welche gerne ihre Modelle verkaufen wollen, würden auf diese Frage hin die Antwort „auf einer Wickelkommode" geben.

Natürlich ist es durchaus sinnvoll auf eine Wickelkommode zurückzugreifen, um das Baby von den vollen Windeln zu befreien und mit einer neuen, frischen Windel auszustatten.

Auf einer Wickelkommode liegt das Kind weich und gemütlich und auch du musst dich nicht ungemütlich bücken und kannst dein Kind rückenschonend wickeln. Allerdings muss diesbezüglich auch festgehalten werden, dass das Baby schnell mobil wird, sich auf den Bauch dreht und anfängt zu robben – die Gefahr, dass es dabei vom Wickeltisch fällt, ist recht groß. Aus diesem Grund nehmen viele Eltern den Wickeltisch oder die Wickelkommode nur für die Anfangszeit in Gebrauch und greifen dann darauf zurück, das Kind auf dem Bett, der Couch oder auch auf dem Teppich auf dem Boden zu wickeln.

Interessant!

Viele werdende Eltern machen sich oft besonders bei dem ersten Kind so detaillierte Gedanken rund um die Erstausstattung des Babys. Beim zweiten Kind sieht das oft schon anders aus und beim dritten Kind arrangiert man sich einfach so, wie es der Alltag mit den anderen beiden Kindern erlaubt ☺

Da eine Wickelkommode zwar schon recht günstig auf dem Markt zur Verfügung steht, jedoch nicht unnötig viel Geld für sie ausgegeben werden sollte, wenn sie eh nur kurz benutzt wird, kannst du dich auch für den Kauf eines Modells entscheiden, welches sich von der Wickelkommode zum Bett umbauen lässt.

Interessant!

Wenn du bereits weißt, dass du das Baby vermutlich – sei es aus Gründen der Gemütlichkeit oder aus anderen Gründen heraus – nicht oft auf der Wickelkommode wickeln wirst, ist es sinnvoller, wenn du und deine Partnerin eine gute und hochwertige Wickelunterlage kaufen, welche mobil eingesetzt und nach Bedarf auch einfach mit in das Café, den Park oder die Spielgruppe genommen werden kann.

Der Kleiderschrank

Anziehsachen kann man nie genug haben – sicherlich bist du mit dem Thema „Klamotten“ bestens vertraut, nachdem du bereits mehrere Male stundenlang vor der Umkleidekabine des Kleidergeschäftes gesessen bist und auf deine Partnerin gewartet hast.

Du hast jedoch keine Ahnung davon, wie viele Sachen ein kleines Baby haben kann und wie viel Platz es somit für sich beansprucht. So nimmt dein Baby nicht nur einen großen Platz in deinem Herzen, sondern auch in deinem Bett und in deinem Kleiderschrank ein.

Wie du bereits sehen konntest, setzt sich die Erstausstattung für dein Baby aus nicht allzu vielen Bestandteilen zusammen, sodass sich der Platz, welchen das Baby für diese Kleidungsstücke braucht, in Grenzen hält. Früher oder später stellt sich aber die Frage danach, wo die ganzen Dinge neben den 100 Hosen und 300 Shirts deiner Partnerin Platz in dem Kleiderschrank haben sollen.

Demnach ist es zu einem bestimmen Zeitpunkt sinnvoll, einen Kleiderschrank für das Baby mit in das Babyzimmer oder Kinderzimmer zu stellen.

Interessant!

Kinder haben einen starken eigenen Willen und wollen am liebsten alles alleine machen. Auch das Aussuchen der Klamotten und das Anziehen gehören mit dazu. Entscheide dich aus diesem Grund am besten direkt für einen Kleiderschrank, welcher so gebaut und konzipiert ist, dass sich dein Kind selbst Zugang zu diesem verschaffen und sich im Kleinkindalter die Anziehsachen selbst aussuchen und ohne deine Hilfe aus dem Inneren herausholen kann.

So läuft die Geburt ab und zu diesen Komplikationen kann es kommen

Das Kinderzimmer ist fertig, die Erstausstattung steht und im Grunde genommen steht alles bereit, um das Baby in Empfang zu nehmen.

Auch, wenn in deinem Kopf auf die Frage, ob du bereit bist, die Antwort herumschwirrt: „Ja, Nein, Vielleicht, Keine Ahnung, Auf jeden Fall!“, gibt es nun kein Zurück mehr – dein Baby wird bald aus dem Bauch deiner Partnerin auf die Welt kommen und deine Partnerin zur Mutter und dich zum Vater machen.

Es gibt nie den richtigen Zeitpunkt und die Feste sollten immer so gefeiert werden, wie sie fallen. So bereit oder unvorbereitet du dich auch fühlen magst – sobald die Wehen bei deiner Partnerin einsetzen und sich euer Baby auf den Weg in die Welt macht, wirst du feststellen, dass das Einzige, was du mit Sicherheit weißt die Tatsache ist, nichts zu wissen.

Die Geburt stellt die Kirsche auf der Sahnetorte der aufregenden und spannenden Schwangerschaft dar und du wirst dich an keinen anderen Moment erinnern können, in welchem du glücklicher gewesen bist, als zu dem Zeitpunkt der Geburt deines Babys. Du magst nicht bereit sein, doch du wirst gemeinsam mit deinem Baby wachsen, dich mit der Papa-Rolle vertraut machen und feststellen, dass man nie auslernt und jeden Tag etwas Neues erfahren und dazulernen kann. Du wirst dich nie vollkommen darauf vorbereiten können, was dich erwartet!

Interessant!

Um dich besser auf die Geburt vorbereiten und deine Partnerin, sobald es soweit sein sollte, unterstützten zu können, kann ein Geburtsvorbereitungskurs helfen. Frage am besten bei der Hebamme deiner Partnerin nach, ob sie einen solchen Kurs für werdende Mütter und Väter anbietet und nimm dieses Angebot wahr.

Die einzelnen Phasen der Geburt

Wie läuft die Geburt genau ab? Worauf musst du dich einstellen? Zwar gestaltet sich jede Geburt anders, dennoch kann sie allgemein in unterschiedliche Phasen eingeteilt werden. Um genau zu sein, handelt es sich um:

- Die Eröffnungsperiode
- Die Austreibungsperiode
- Die Nachgeburtsperiode

Die Eröffnungsperiode

Die Eröffnungsperiode leitet die Geburt ein. Das passiert in der Regel mit dem Platzen der Fruchtblase und dem Einsetzen der Wehen. Die Wehen sorgen dafür, dass sich der Muttermund deiner Partnerin immer weiter öffnet, sodass das Baby dann durch den Geburtskanal rutschen und geboren werden kann.

Es kann durchaus einiges an Zeit in Anspruch nehmen, bis der Muttermund vollkommen geöffnet ist. Immerhin muss sich dieser bis zu

10 cm weit öffnen – das tut nicht nur weh, sondern nimmt auch einiges an Zeit in Anspruch.

Interessant!

Vor allem beim ersten Kind kann die Geburt mehrere Stunden in Anspruch nehmen. So ist es nicht selten, dass die Frau zwischen 6 bis 12 Stunden oder manchmal auch mehr in den Wehen liegt, bis das Kind auf die Welt kommt. Beim zweiten Kind nimmt die Geburt oft viel weniger Zeit in Anspruch, doch es handelt sich auch hier immer nur um Erfahrungen und Richtwerte. Wie schon gesagt – jede Geburt ist anders und verläuft somit auch auf andere Art und Weise.

Die Austreibungsperiode

Wenn der Muttermund noch nicht ganz 10 cm weit geöffnet ist, aber nicht mehr viel fehlt, setzt die zweite Phase der Geburt ein, welche als Austreibungsperiode bezeichnet wird.

In dieser Phase der Geburt, wird aus den Wehen, welche von deiner Partnerin als schmerzhaft empfunden werden, zu einem starken Druckgefühl. Dieses ruft in deiner Partnerin das Bedürfnis hervor, drücken zu müssen, um das Kind auf die Welt zu bringen.

Interessant!

Der Druck, welchen deine Partnerin in dieser zweiten Phase der Geburt verspürt ist notwendig, um das Baby vollkommen in die Richtung des Beckenbodens schieben zu können.

Die Bezeichnung der „Austreibungsperiode“ weist bereits darauf hin, dass die Geburt des Babys in dieser Phase stattfindet. Ist das Baby vollkommen in den Geburtskanal gerutscht, dauert es nicht mehr lange und es kommt auf die Welt. Es fehlen oft nur ein paar Wehen, bei welchen deine Partnerin drücken wird und schon wirst du erst das Köpfchen sehen und wenige Augenblicke später bereits dein Baby, auf welches du 10 Monate lang gewartet hast, im Arm halten können.

Interessant!

Nach der Geburt wird dein Baby von der Hebamme untersucht, um sicherzustellen, dass es ihm gutgeht, und dass es über alle wichtigen Organe und Körperteile verfügt. So wird das Baby von oben bis unten untersucht und inspiziert, wobei unter anderem auch die Finger und Zehen gezählt werden.

Die Nachgeburtsphase

Im Grunde genommen, kannst du dir bereits anhand der Bezeichnungen der einzelnen Phasen der Geburt denken, was in ihnen passiert. Was viele Männer, aber auch viele Frauen vor einer Schwangerschaft oder auch zu dem Beginn einer Schwangerschaft nicht wissen ist, dass die Geburt des Babys nicht das Ende der gesamten Geburtsphase bedeutet.

Wenn das Baby auf die Welt gekommen ist, kommt es zu der sogenannten „Nachgeburtsperiode“, in welcher die Plazenta ausgestoßen wird. Im Gegensatz zu den anderen beiden Phasen der Geburt nimmt die Nachgeburtsphase nur circa 15 Minuten in Anspruch.

Interessant!

Nachdem die Plazenta ausgestoßen wurde, ist es wichtig, dass die Plazenta auf ihre Vollständigkeit untersucht wird. Das übernehmen dabei in der Regel die Hebammen, welche die Geburt begleitet haben. Wenn die Plazenta vollständig ist, müssen keine weiteren Schritte eingeleitet werden. Sollten jedoch Zotten oder Eihäute fehlen, muss die Hebamme nachtasten.

Es ist sehr wichtig, dass keine Überreste in der Gebärmutter zurückbleiben. Denn unter diesen Umständen kann es zu Blutungen, aber auch Wucherungen und Infektionen kommen.

Zu diesen Komplikationen kann es unter der Geburt kommen

Es ist durchaus richtig, dass man immer positiv denken sollte und nicht immer direkt von dem Schlimmsten ausgehen sollte, dennoch ist es, genau wie es auch in der Schwangerschaft der Fall ist, auch bei der Geburt wichtig, sich über mögliche Risiken bewusst zu sein.

Allerdings solltest du dir, bevor du dich von den möglichen Komplikationen, zu welchen es während der Geburt kommen könnte, in den Hinterkopf rufen, dass du in einer modernen Zeit lebst, in welcher innovative Technologien in den Krankenhäusern vorhanden sind. Dazu gesellt sich das große Wissen, über welches die Fachkräfte verfügen, was in der Kombination mit den innovativen und hochwertigen Technologien zu einer sehr guten und vor allem professionellen und sicheren Betreuung während der Geburt beiträgt.

Interessant!

Eine Geburt ist ein vollkommen natürlicher Vorgang. Der Körper der Frau ist dafür gemacht, zu gebären. Es liegt in der Natur der Frau das Kind, welches sie in sich trägt, auf die Welt zu bringen. Während es früher deutlich öfter zu Komplikationen gekommen ist, verlaufen die Geburten heute oft ohne Komplikationen.

Wenn es unter der Geburt zu einer Komplikation kommt, bedeutet das nicht direkt, dass du dir unendlich große Sorgen, um dein Baby oder deine Partnerin machen musst. Denn die meisten Komplikationen, zu welchen es kommen könnte, lassen sich durch das Eingreifen der Hebamme oder auch eines Arztes lösen.

Komplikationen mit der Nabelschnur

Die Nabelschnur sorgt dafür, dass das Baby mit allen wichtigen Nährstoffen versorgt wird, welche es braucht, um sich entwickeln zu können. Während der Geburt kann es allerdings zu Komplikationen mit der Nabelschnur kommen.

Die Nabelschnur liegt vorne

Liegt die Nabelschnur vor dem Kopf des Kindes in der Geburtsöffnung, muss ein Kaiserschnitt durchgeführt werden, da es sonst für das Baby gefährlich werden könnte. Wie die Nabelschnur liegt, wird durch mittels des letzten Ultraschalls geprüft, welcher durchgeführt ist, sobald deine Partnerin mit Wehen im Krankenhaus aufgenommen wird.

Die Umschlingung der Nabelschnur

Vor allem, wenn das Kind noch viel Platz in der Gebärmutter hat, flitzt es im Inneren des Bauches deiner Partnerin hin und her. Durch diese Bewegungen kann es auch dazu kommen, dass sich die Nabelschnur um bestimmte Körperteile des Babys wickelt.

So werden bestimmte Gefäße abgedrückt und besonders gefährlich ist diese Umschlingung, wenn sich die Nabelschnur um den Hals des Babys schlingt.

Interessant!

In der Gebärmutter selbst hat die Umschlingung der Nabelschnur keine Auswirkungen auf die Versorgung des Babys. Unter der Geburt kann es allerdings passieren, dass das Baby nicht ausreichend mit Nährstoffen versorgt wird.

Der Knoten in der Nabelschnur

Eine Komplikation, zu welcher es nur sehr selten kommt, ist der Knoten in der Nabelschnur. Allerdings kommt es nur bei circa einem Prozent aller Geburten zu einem solchen Knoten.

Zwar kann ein Knoten durchaus dazu führen, dass das Baby schlechter mit den Nährstoffen und Vitaminen versorgt wird, als es ohne Knoten der Fall wäre, doch ab und an kommt es auch vor, dass nach der Geburt zufällig entdeckt wird, dass ein Knoten in der Nabelschnur ist.

Komplikationen mit der Plazenta

Die Plazenta hat im Inneren des Körpers der Frau die wichtige Aufgabe, das ungeborene Kind mit Sauerstoff und Nährstoffen zu versorgen. Aus diesem Grund sind Komplikationen mit der Plazenta unter der Geburt gefährlich für das Baby, da es nicht mehr ausreichend von ihr mit Nährstoffen und Sauerstoff versorgt wird.

Die Plazenta löst sich vorzeitig

Sollte sich die Plazenta unter der Geburt vorzeitig lösen, besteht eine sehr große Gefahr, dass das Baby nicht ausreichend mit Sauerstoff versorgt wird und somit sogar in eine lebensbedrohliche Situation kommt. Oft muss in diesen Fällen ein Kaiserschnitt durchgeführt werden.

Die plötzliche Insuffizienz der Plazenta

Es kann unter der Geburt auch zu einer akuten Plazentainsuffizienz kommen. Eine solche Komplikation kann sich innerhalb weniger Minuten entwickeln und manifestieren, was auch der Grund dafür ist, dass die Herztöne und auch die Sauerstoffversorgung des Babys während der Wehen und auch unter der Geburt streng überwacht werden.

Der Geburtsstillstand

Es kann ab und an vorkommen, dass die Geburt von einem Moment auf den anderen stillsteht und somit im Geburtskanal stecken bleibt und nicht weiter nach unten rutscht.

In diesem Fall ist es wichtig, dass nachgeholfen wird, um das Baby aus dem Geburtskanal zu befreien. Sollte der Grund für den Geburtsstillstand jedoch ein zu kleines und zu enges Becken deiner Partnerin sein, muss in der Regel ein Kaiserschnitt durchgeführt werden, um das Baby auf die Welt zu holen.

Interessant!

Nicht immer wird bei einem Geburtsstillstand direkt eingegriffen, sondern es wird oft noch etwas abgewartet, wie sich die Situation entwickelt. Denn in einigen Fällen kann es durchaus sein, dass die Geburt weitergeht und das Baby somit ohne Eingreifen und auf vollkommen natürliche Art und Weise auf die Welt kommt.

Wenn es zu einem Geburtsstillstand kommt, wird das Baby laufend mit einem CTG überwacht, da es sich stressen und überanstrengen kann. Auch die Mutter hat einige Risiken, welche sich unter anderem in einer Überdehnung oder auch in einem Zustand der Erschöpfung manifestieren können.

Eingegriffen werden kann bei einem Geburtsstillstand mit folgenden Mitteln:

- Lagerungsversuche
- Wehenfördernde Mittel
- Mechanische Dehnung des Muttermundes
- Saugglocke oder Zange (wobei diese beiden Utensilien in der heutigen Zeit eher selten zum Einsatz kommen)

- Kaiserschnitt als die letzte Lösung, wenn andere Mittel nicht helfen

Der Dammriss

Der Damm liegt, wenn man es einmal aus anatomischer Sicht betrachtet, zwischen Scheide und After. Vielleicht hast du mit einem Gang durch den Drogeriemarkt und mit dem Blick auf die Produkte für schwangere Frauen festgestellt, dass es unter anderem spezielle Öle für die Dammmassage gibt. Das nicht ohne Grund – da der Damm unter der Geburt sehr stark gedehnt und somit beansprucht wird, ist es wichtig, dass sich deine Partnerin auf diese Dehnung vorbereitet, indem sie den Damm mit dem entsprechenden Öl massiert.

Es kann durchaus dazukommen, dass der Damm unter der großen Beanspruchung und Belastung während der Austreibungsphase oder auch durch ein zu starkes Pressen unter den Presswehen reißt.

Interessant!

Bei einem Dammriss handelt es sich um eine sehr häufig vorkommende Komplikation, mit welche Frauen unter der Geburt zu kämpfen haben. Es handelt sich an und für sich nicht um eine schlimme Komplikation, allerdings ist es wichtig, dass eingegriffen wird.

Der Dammriss kann in unterschiedliche Grade eingeteilt werden – je nachdem wie gravierend die Verletzung ist.

Erster Grad	Die Haut reißt oberflächlich ein, sodass es nicht notwendig ist, dass der Riss behandelt wird.
Zweiter Grad	Muskelfasern reißen, sodass der Riss unter einer lokalen Betäubung genäht werden muss.
Dritter Grad	Bei einem Dammriss dritten Grades ist der Riss so groß, dass er bis zum After reicht. Somit ist auch der Schließmuskel betroffen. Ein solcher Riss muss oft unter Narkose und mit einem operativen Eingriff behandelt werden.
Vierter Grad	Sehr selten ist der Dammriss vierten Grades, welcher eine Voraussetzung des Dammrisses dritten Grades ist. Bei dem Dammriss vierten Grades ist auch die Darmschleimhaut betroffen, weshalb es auch hier wichtig ist operativ unter Narkose einzugreifen und zu handeln.

Da der Dammriss eine sehr häufige Komplikation unter der Geburt darstellt, beobachten Hebammen den Damm während der Wehen und der Geburt. Sehen sie, dass der Damm droht zu reißen, führen sie ggf. einen Dammschnitt durch, was zwar ebenfalls eine Verletzung des Damms darstellt, jedoch keine unkontrollierten Verletzungen provoziert. Ein Dammschnitt wird in der heutigen Zeit zwar weiterhin gemacht, von den Hebammen allerdings nur noch sehr selten durchgeführt.

Komplikationen mit den Wehen

Damit dein Baby aus dem Bauch deiner Partnerin auf die Welt kommen kann, muss die werdende Mutter Wehen haben. Je nachdem, um welche Wehen und welche Phase der Geburt es sich gerade handelt, sorgen die Wehen dafür, dass sich der Muttermund öffnet oder, dass die Frau pressen muss und das Baby durch den Geburtskanal rutscht und auf die Welt kommt.

Abschwachende Wehen

Kommt es unter der Geburt zu einem Abschwächen der Wehen, kann es zu einem Stillstand der Geburt kommen.

In einem solchen Fall werden oft wehenfördernde Mittel gegeben. Wenn auch diese die Wehen nicht stärken sollten, muss auf die Durchführung eines Kaiserschnittes zurückgegriffen werden.

Hyperaktive Wehen

Das Gegenteil von den abschwachenden Wehen sind die hyperaktiven Wehen. Wie du dir vielleicht bereits denken kannst, treten die Wehen in diesem Fall viel zu häufig und zu kurzen, schnell aufeinanderfolgenden Abständen auf, sodass es kaum Pausen zwischen den einzelnen Wehen gibt.

Sowohl die Mutter als auch das Kind könnten mit dieser dauerhaften Belastung überfordert sein, sodass oft ein wehenhemmendes Mittel zum Einsatz kommt, um sowohl deiner Partnerin als auch deinem Baby eine Pause zu gönnen.

Wie du sehen kannst, können die meisten Komplikationen durch die entsprechende Intervention der Fachkräfte behoben werden, sodass die Geburt ganz normal durchgeführt werden kann. Im Zweifelsfall wird ein Kaiserschnitt durchgeführt, was in der Regel dann der Fall ist, wenn entweder das Baby oder die werdende Mutter oder auch beide gefährdet sind.

Das Wochenbett/Die erste Zeit zu Hause

Es ist soweit – dein Baby ist da. Das kleine Kind liegt in deinen Armen, die kleinen Augen öffnen und schließen sich zögerlich und die kleinen, warmen, weichen Händchen umgreifen deinen großen Finger. Dein Herz ist voller Liebe und niemals hättest du gedacht, so viel Liebe auf einmal für einen so kleinen Menschen empfinden zu können.

Du bist Papa – mit Sicherheit hast du das noch gar nicht so wirklich realisiert. Genauso wenig, wie deine Partnerin es ebenfalls noch nicht realisiert haben wird, nun Mutter eines kleinen Babys zu sein, welches euer Leben bereichert und dafür sorgt, dass ihr nie wieder allein sein werdet.

Das Wochenbett, alles was du darüber wissen musst, und wieso diese Zeit so wichtig ist

Dein Baby kommt aus dem warmen, engen und recht dunklen Mutterleib in die große, weite Welt und muss sich erst einmal an alles gewöhnen, was es in seiner Umgebung zu entdecken gibt. Umso wichtiger ist es, dass es eine gute und sichere Bindung zu dir und deiner Partnerin aufbauen kann.

Aus diesem Grund ist es auch so wichtig, dass du und deine Partnerin die Zeit nach der Geburt – das Wochenbett – ernst nehmen. Denn das Wochenbett dient nicht einfach nur der Erholung der frischgebackenen Mutter, sondern das Wochenbett ist auch die Zeit, in welcher die Mutter und das Baby an ihrer Bindung arbeiten können. Du als Papa kommst dabei natürlich nicht zu kurz und kannst ebenfalls an der Bindung zu deinem Baby arbeiten. Allerdings ist die Mutter für das Baby direkt nach der Geburt oft der erste, direkte Ansprechpartner, weshalb du dich darauf konzentrieren solltest, wie du deine Partnerin und dein Baby im Wochenbett am besten unterstützten kannst.

Interessant!

Das Wochenbett fängt, im Grunde genommen, mit der Geburt des Kindes an und dauert in der Regel zwischen sechs bis acht Wochen lang an.

Dass das Wochenbett die Bezeichnung „Wochenbett" trägt, kommt nicht von Ungefähr. In der Tat ist die Zeit nach der Geburt darauf ausgelegt, dass sich deine Partnerin erholt und eine Bindung zu ihrem Baby aufbaut. Du musst sie für diese Zwecke nicht mit aller Kraft und Zwang an das Bett fesseln, solltest sie jedoch so unterstützen, dass sie sich so viel wie möglich erholt und ausreichend Ruhe hat. Ob das im Bett oder auf der Couch passiert, ist dabei vollkommen unerheblich.

Das Wochenbett ist die Zeit der Körpernähe, der Liebe, der Erholung, des Kontaktes, des Stillens und der Bindung zwischen Mutter und Kind, aber auch zwischen Vater und Kind.

Nach der Geburt ist es für die Frau nicht nur wichtig, dass sie das Wochenbett respektiert, sondern es kommt auch zu der sogenannten

Kennenlernphase, in welcher deine Partnerin und du euer Baby kennenlernen. Sicherlich handelt es sich um dein eigenes Fleisch und Blut, dennoch musst du dich erst einmal mit deinem Baby vertraut machen und dich gemeinsam mit ihm einspielen.

Sei nicht traurig, wenn dein Baby mehr Zeit mit deiner Partnerin verbringt als mit dir – nach der Geburt sind die Mutter und das Baby eine Einheit. Rein logisch gesehen, sind sie weiterhin zwei eigenstehende Festkörper, doch das Baby fühlt sich so mit der Mutter verbunden, als ob die beiden ein einziges Lebewesen seien.

Sehe das Wochenbett somit als Zeit, als kleine Familie zusammenzuwachsen und euch aneinander zu gewöhnen. Nehme dein Baby in den Arm, wenn es nicht gerade von deiner Partnerin gestillt wird oder übernehme es, wenn es die Flasche bekommen sollte, ihm ab und an seine Mahlzeit zu geben, koche, kuschle mit deiner Partnerin und deinem Baby und genieße die neue, spannende und aufregende Zeit.

Am besten ist es, wenn du dir entweder direkt Elternzeit nimmst, um ganz nah bei deiner kleinen Familie zu sein und deine Partnerin zu unterstützen oder zumindest Urlaub beantragst. Deine Partnerin braucht dich und deine Unterstützung, um sich vollkommen und rundum erholen zu können und auch dein Baby braucht deine Anwesenheit, um eine gute Bindung und das sogenannte Urvertrauen zu dir und deiner Partnerin aufbauen zu können. Genieße die Zeit – sie kommt nicht wieder!

Der Wochenfluss während des Wochenbettes

Der Grund dafür, dass sich deine Partnerin während der Zeit des Wochenbettes erholen sollte, ist nicht nur auf die Rückbildung der Gebärmutter zurückzuführen, sondern steht auch im direkten Zusammenhang mit dem Wochenfluss.

Die Wehen, welche dafür sorgen, dass die Geburt eingeleitet wird und dein Baby auf die Welt kommt, sind nicht die einzigen Wehen, mit welchen sich deine Partnerin auseinandersetzen muss. So kommt während des Wochenbettes zu sogenannten Wochenbettwehen und dem Wochenfluss, welcher der Grund dafür ist, dass Frauen nach der Geburt im Krankenhaus oft die nicht sonderlich attraktiven Unterhosen angezogen bekommen, welche mehr einer Windel als einem sexy String-Tanga ähneln.

Diese Wochenbettwehen stehen im direkten Zusammenhang mit dem Wochenfluss, da die Wehen die Blutversorgung der Gebärmuttermuskulatur verringern und somit auch die Blutung aus der Wunde der Gebärmutter stillen.

Dass die Frau nach der Geburt Blutungen hat, bedeutet, dass diese Wunde der Gebärmutter heilt. Bei dem Wochenfluss handelt es sich eigentlich nur um Wundsekret, welches von Woche zu Woche sein Erscheinungsbild ändert.

Interessant!

Zwar ist die Menge des Wochenflusses nach einem Kaiserschnitt oft geringer, allerdings dauert er oft länger an, als dies nach einer natürlichen Geburt der Fall ist.

Woche	Erscheinungsbild des Wochenflusses
1. Woche	Blutiger Wochenfluss
2. Woche	Bräunlicher Wochenfluss
3. Woche	Gelblicher Wochenfluss
4. Woche	Weißer Wochenfluss

So klappt die erste Zeit zu Hause mit dem Baby

Wenn dein Baby da ist, braucht ihr als Familie Zeit füreinander, um euch kennenzulernen und, um euch aufeinander einspielen zu können. Dazu gesellt sich auch die Tatsache, dass sich deine Partnerin von der Geburt erholen muss. Das gilt auch, wenn die Geburt ohne Komplikationen verlaufen ist. Der Körper hat in den 10 Monaten der Schwangerschaft und unter der Geburt eine wahnsinnige Leistung erbracht, sodass es umso wichtiger ist, dass sie es, ganz getreu des Mottos „Probier´s mal mit Gemütlichkeit, mit Ruhe und Gemütlichkeit…“ mit Ruhe und Gelassenheit angehen lässt.

Du kannst sie sehen – die Gestalt, welche sich auf dem Stuhl aus den vielen schmutzigen Klamotten bildet, weil du keine Zeit findest, die Wäsche zu waschen. Du kannst ihn riechen – den Rauch aus dem Ofen, weil du vor lauter Müdigkeit vergessen hast die Pizza aus den Karton zu nehmen, bevor du sie in den Ofen geschoben hast. Die erste Zeit zu Hause ist herausfordernd und es ist nicht leicht alle Dinge und Aufgaben unter einen Hut zu bekommen. Natürlich stellt sich dabei die Frage, wie man die erste Zeit zu Hause meistert und wie man sich am besten organisiert.

Diesbezüglich muss festgehalten werden, dass es nicht den einen richtigen Weg gibt. Es gibt nicht nur eine Möglichkeit, den Alltag mit Baby zu gestalten und zu organisieren, zumal es dem Baby sowieso herzlich egal ist, welche Pläne du und deine Partnerin machen. Es schläft, wenn es müde ist und es isst, wenn es Hunger hat. Das kann um 12 Uhr mittags oder auch um 3 Uhr morgens der Fall sein.

Damit auch deine Erholung und deine Zeit mit deiner kleinen Familie in der ersten Zeit nach der Geburt nicht zu kurz hat, kannst du dir einige wichtige und interessante Tipps und Tricks zu Herzen nehmen.

Koche vor oder lasse dich bekochen

Wir leben in einer modernen Zeit, welche vor allem von vielen innovativen Technologien geprägt ist, was dazu führt, dass in nahezu jedem Haushalt ein Gefrierschrank vorhanden ist. In diesem können Speisen unterschiedlichster Art aufbewahrt und zu jeder Zeit herausgeholt, aufgetaut oder kurz aufgewärmt werden.

Diese Möglichkeit solltest du auf jeden Fall nutzen und für die Zeit nach der Geburt vorkochen. Am besten überlegst du dir gemeinsam mit deiner Partnerin, was euch beiden am besten schmeckt und kocht ausreichende Mengen dieser Speisen vor, um sie dann im Gefrierschrank aufzubewahren und zu der richtigen Zeit herausholen zu können.

Ihr habt nicht nur die Möglichkeit, Speisen vorzukochen und einzufrieren, oder nach Bedarf auch schlicht und ergreifend die Lieferdienste gefrorener oder auch frisch gekochter Speisen etwas zu bereichern, sondern ihr könnt ruhig die Hilfe und das Angebot eurer Freunde und Verwandten annehmen, welche euch anbieten zu kochen und euch mit Essen zu versorgen.

Wenn ein Baby auf die Welt kommt, sind die Eltern nicht die einzigen Menschen, welche aufgeregt sind und das neue Baby kennenlernen wollen. Auch die Verwandten und Freunde, welche die Zeit der Schwangerschaft hinweg mitgefiebert haben, wollen gerne das Kind kennenlernen und kündigen sich somit zum Besuch an.

Oft stellen sie in diesem Zusammenhang auch die Frage danach, was gebraucht wird und wie sie helfen können. Scheue dich nicht davor das Angebot anzunehmen, wenn sie dich und deine Partnerin mit Essen versorgen wollen.

Time Besuche von Freunden und Verwandten

Es ist schön, zu wissen, dass sich andere Menschen genauso für dein Baby interessieren wie du und deine Partnerin und es gerne kennenlernen wollen, wenn es auf der Welt ist.

Am liebsten würden Freunde und Verwandte jeden Tag vor der Tür stehen, um dem Baby einen Besuch abzustatten und zu sehen, wie es den frisch gebackenen Eltern geht. Allerdings musst du in diesem Zusammenhang auch immer wieder im Hinterkopf behalten, dass Besuche jeglicher Art neue Eindrücke für das Baby sind und Stress bedeuten können. Ganz von deiner Partnerin zu schweigen, welche sich möglicherweise noch von der Geburt erholen muss und aus diesem Grund gerne ihre Ruhe hätte.

Ein Baby zu haben ist die beste Möglichkeit, um sich im Nein-Sagen zu üben. Wenn es dir also schwerfallen sollte, anderen Menschen mit dem kleinen, aber feinen Wort „Nein“ gegenüber zu treten, kannst du dies mit der Geburt deines Kindes und in den ersten Wochen zu Hause in deinen eigenen vier Wänden üben.

Time die Besuche deiner Verwandten und Freunde und scheue dich nicht davor, auch schlicht und ergreifend einmal „Nein“ zu sagen, wenn es alles etwas zu viel wird.

Oma und Opa sind in der Regel jedoch nicht weiter invasiv und sind bereits zufrieden, wenn sie schlicht und ergreifend etwas Zeit in der Nähe des Babys verbringen können. Gerne helfen sie auch im Haushalt – wenn es dich und deine Partnerin nicht stört, nehmt die Hilfe an und erlaubt den Großeltern somit in der Nähe des Enkelkindes zu sein.

Warte einen Moment mit der Kommunikation, dass dein Baby geboren ist

Am liebsten würdest du es von den Dächern schreien, in den Nachrichten als Dauer-Eilmeldung zeigen und in Dauerschleife im Radio abspielen „Ich bin Papa!". Das unendlich warme und wohlige Gefühl der Liebe und des Glücks, welches dich mit der Geburt deines Babys erfüllt lässt in dir den Wunsch aufkommen, der ganzen Welt mitzuteilen, dass dein Baby auf die Welt gekommen ist.

Nach der Geburt ist allerdings erst einmal die Zeit als Familie die wichtigste Zeit und Telefon und Computer sollten dabei nur begrenzt zum Einsatz kommen. Wenn du direkt nach der Geburt mitteilst, dass dein Baby auf der Welt ist, wird dein Telefon nicht mehr stillstehen.

Nehmt euch Zeit als Familie und kommuniziert, wenn ihr von dem Hoch der Gefühle etwas heruntergekommen seid, dass euer kleiner Schatz endlich auf der Welt ist und euch zu stolzen Eltern gemacht hat.

Die Ernährung des Babys im ersten Jahr – Stillen oder nicht, das ist hier die Frage…

Das erste, was das Baby macht, wenn es aus dem Bauch der Mutter auf die Welt kommt, ist es instinktiv nach der Brust zu suchen und an diese anzudocken.

Interessant!

Auch, wenn ein Baby sehr oft an der Brust ist, trinkt es in den ersten Tagen seines Lebens nicht sonderlich viel. Der Magen ist noch sehr klein und muss erst noch wachsen. Das Nuckeln an der Brust dient nicht nur der reinen Nahrungsaufnahme, sondern auch dem Trost, der Wärme, der Nähe und der Bestellung der Milchmenge. Denn durch das Nuckeln an der Brust wird die Milchproduktion angeregt.

Wusstest du, dass die Muttermilch auch als „flüssiges Gold“ bezeichnet wird? Denn in der Muttermilch befinden sich sehr viele lebende Mikroorganismen, welche sich immer ganz genau dem jeweiligen Bedürfnis des Babys anpassen. So ändert sich die Milch beispielsweise in ihrer Zusammensetzung, wenn das Baby krank ist und somit einen ganz besonders hohen Bedarf an bestimmten Nährstoffen, Vitaminen und Mineralien hat. Diese bekommt es dann über die Muttermilch, nachdem diese basierend auf der Zusammensetzung des Speichels des Babys die richtige Zusammensetzung erhalten hat.

Sicherlich ist das Stillen die natürliche Form der Ernährung des Kindes und der Körper der Frau ist dafür gemacht, das Baby mit Milch zu versorgen, doch manchmal wollen Frauen schlicht und ergreifend nicht stillen. Es kann auch eine Mischung aus Stillen und Fläschchen gegeben werden, indem die Frau beispielsweise abpumpt und einen Teil der Milch über das Fläschchen gibt. Das könntest du beispielsweise übernehmen, um deine Bindung zu deinem Baby zu stärken.

Keine Frau ist dazu gezwungen, ihr Baby zu stillen, wobei sich erfreulicherweise immer mehr Frauen für das Stillen entscheiden, was im Übrigen auch von der Weltgesundheitsorganisation empfohlen wird. Laut der WHO sollte das Baby für sechs Monate vollgestillt werden. Anschließend kann nach Bedarf weitergestillt werden, solange sich Mutter und Kind wohl damit fühlen.

Interessant!

Im Volksmund kursiert die Regel, dass ein Kind mit einem Jahr abgestillt werden muss. In Wahrheit ist es in der Natur allerdings vollkommen normal, dass das Kind bis in das Kleinkindalter und über dieses hinaus gestillt wird. Wenn sich Mutter und Kind wohl damit fühlen, kann also auch noch bis zu einem Alter von 3 oder 4 Jahren weitergestillt werden.

Bei gestillten Babys ist es häufig so, dass sie sehr viel häufiger an die Brust wollen, als es bei Babys der Fall ist, welche das Fläschchen bekommen. Aus diesem Grund sollte ein Baby, sofern es an der Brust gestillt wird, auch immer nach Bedarf gestillt werden. Denn das Nuckeln an der Brust ist so viel mehr, als die reine Nahrungsaufnahme. Ganz davon abgesehen, dass die Muttermilch sehr viel schneller und einfacher zu verdauen ist, als die Pulvermilch, welche sehr viel schwerer im Magen liegt. So ist es durchaus möglich, dass gestillte Babys nach einer Mahlzeit direkt wieder Hunger haben oder schlicht und ergreifend mehr Milch für später „bestellen".

Stillen – so viel mehr als nur Nahrung

Wie schon gesagt, ist das Stillen sehr viel mehr als die reine Nahrungsaufnahme, sondern wenn deine Partnerin das Baby stillt, ist das:

- Liebe, Nähe und Geborgenheit
- Trost bei Schmerzen oder der Verarbeitung von Erlebnissen
- Vorbestellung der Milchmenge für einen späteren Zeitpunkt
- Sicherheit
- Bindung zwischen Mutter und Kind

Die Vorteile des Stillens

Das Stillen ist die natürliche Art und Weise des Babys sich über die Brust der Mutter zu ernähren. Aus diesem Grund gehen mit dem Stillen auch viele Vorteile einher, von welchen sowohl die Mutter als auch das Baby profitieren können.

1. **Die Muttermilch lebt**

   Wie schon gesagt, lebt die Muttermilch und ändert sich somit immer in ihrer Zusammensetzung – ganz basierend auf den Bedürfnissen des Babys.
2. **Stillen ist mehr als nur Nahrung**

   Stillen ist Liebe, Nähe, Geborgenheit und Trost und somit sehr viel mehr als die reine Nahrungsaufnahme.
3. **Weniger übergewichtige Kinder**

   Kinder, welche nach Bedarf gestillt werden haben, Studien zufolge ein sehr viel geringeres Risiko, früher oder später übergewichtig zu werden.
4. **Kein Aufstehen und Mitnehmen vieler Utensilien**

   Beim Stillen hat die Frau immer alles dabei, was sie braucht um das Baby zu ernähren und muss somit nicht aufstehen, um die Flasche vorzubereiten. Zudem müssen nicht viele Utensilien mitgenommen werden, wenn ihr rausgeht und das Kind Hunger bekommen könnte.
5. **Immer die richtige Temperatur**

   Während die Milch aus der Flasche zu heiß oder zu kalt sein kann, hat die Muttermilch aus der Brust immer die perfekte Temperatur.
6. **Geld sparen**

   Das Geld sollte zwar nicht der ausschlaggebende Punkt dafür sein, dass sich deine Partnerin dazu entschließt, euer Baby zu stillen, doch es ist so: Das Stillen spart Geld. Denn Fläschchen und die Milchnahrung kosten durchaus viel Geld, was sich in der Summe ganz schön häufen kann.

7. **Rückbildung**

   Durch das Saugen des Babys an der Brust wird die Rückbildung der Gebärmutter gefördert.

8. **Geringeres Brustkrebs-Risiko**

   Frauen, welche ihr Baby stillen, haben ein geringeres Risiko, an Brustkrebs zu erkranken.

9. **Emotionale Bindung**

   Es steht außer Frage, dass auch während der Gabe des Fläschchens eine Bindung aufgebaut werden kann, doch die Bindung, welche zwischen Mutter und Kind während des Stillens entsteht, ist einzigartig.

Wie sinnvoll ist eine Stillberatung?

Eine Stillberatung ist durchaus sinnvoll, um sicherstellen zu können, dass das Kind richtig an der Brust andockt und das Stillen somit sowohl für das Kind als auch für die Mutter als angenehm empfunden wird.

Eine Stillberatung, wie zum Beispiel durch die bekannte und weltweit agierende Organisation „La Leche League“ unterstützt sowohl am Telefon als auch mit Beraterinnen vor Ort und hilft Frauen nicht nur beim richtigen Anlegen des Babys an die Brust, sondern steht auch bei anderen Fragen, wie der Milchmenge, Schmerzen und Stillen in der Öffentlichkeit mit Rat und Tat beiseite.

Vor allem, wenn deine Partnerin unsicher sein sollte, was das Stillen angeht, jedoch gerne stillen möchte, solltet ihr euch an eine Stillberatung wenden und mit der Hilfe einer kompetenten Beratung eine wundervolle Stillbeziehung zwischen Mutter und Kind aufbauen.

Deine Partnerin kann sich auch direkt an die Hebamme wenden, welche sich in der Regel bestens mit dem Stillen auskennt. Am besten wird bereits vor der Wahl der Hebamme darauf geachtet, wie sie dem Stillen gegenübersteht. So könnt ihr euch für eine Hebamme entscheiden, welche deine Partnerin umfangreich und bestens unterstützen kann.

Wird die Milch nach dem ersten Lebensjahr wirklich zu Wasser?

Es besteht die allgemeine Annahme im Volksmund, dass die Muttermilch nach dem ersten Lebensjahr des Babys zu Wasser wird. Was hat es mit dieser Aussage wirklich auf sich? Entspricht sie der Wahrheit oder handelt es sich schlicht und ergreifend um eine Entschuldigung, um Mütter dazu zu bewegen, das Kind abzustillen?

Es ist durchaus richtig, dass sich in der Muttermilch mit dem fortschreitenden Alter des Kindes immer weniger Nährstoffe befinden, was allerdings schlicht und ergreifend darauf zurückzuführen ist, dass das Baby wächst und auch zusätzliche Nahrung zu sich nimmt. Der

Bedarf nach Nährstoffen ändert sich schlicht und ergreifend und die Zusammensetzung der Milch passt sich an den Bedarf des Babys an. Allerdings wird die Milch nicht zu Wasser, sondern ist für die Entwicklung des Babys weiterhin wichtig und fundamental.

Was tun bei Schreibabys oder bei abendlichen Schreiphasen?

Babys weinen – das ist vollkommen normal! Das Weinen und Schreien stellt für die Babys die einzige Möglichkeit dar, welche sie haben, um kommunizieren zu können. Sie können noch nicht sprechen und somit ist es ihnen nur über das Schreien und Weinen möglich den Eltern mitzuteilen, dass etwas nicht stimmt oder, dass sie etwas brauchen.

Interessant!

Während sich das Schreien und Weinen eines Kindes anfangs vielleicht immer gleich anhören mag, wirst du nach einiger Zeit lernen, das Weinen unterscheiden zu können. Du wirst an der Lautstärke oder auch der Art des Weinens merken, ob dein Kind Durst oder Hunger hat, sich erschreckt hat oder schlicht und ergreifend müde ist und Körperkontakt und Liebe braucht.

Abendliche Schreiphasen – das können die Ursachen sein

Es scheint wie verhext zu sein. Sobald es dunkel wird, ihr alle zur Ruhe kommt und euch auf das Schlafengehen vorbereiten wollt, fängt das Baby an wie am Spieß zu Schreien und lässt sich auf keine Art und Weise beruhigen. Die Frage ist nur, wieso? Wieso fängt das Baby auf einmal an zu weinen und zu schreien, wenn doch die Windel sauber ist, es gerade gegessen hat und im Arm liegt? Es ist satt, hat Liebe und Wärme und einen sauberen Popo – die besten Voraussetzungen, um glücklich zu sein, oder?

Was Erwachsene dabei oft vergessen ist, dass Babys kleine Menschen sind, welche aus einem geschützten Raum – dem Bauch der Mutter – in die große Welt kommen und mit all den Eindrücken konfrontiert werden.

Es gibt viele unterschiedliche Gründe, wieso dein Baby abends in Schreiphasen verfällt und dementsprechende Tipps und Tricks, an welchen du dich orientieren kannst.

Das Baby verarbeitet Erlebnisse und ist überreizt

Im Bauch der Mutter bekommt dein Baby zwar durchaus mit, was passiert, da es Lichtreize und auch Stimmen bedingt wahrnehmen kann, doch sobald es aus dem Mutterleib in die Welt kommt, wird es von den vielen Reizen mit voller Wucht getroffen.

Es kann schnell zu einer Überreizung kommen, wenn zum Beispiel zu viele Verwandten und Freude den ganzen Tag ein- und ausschneien oder, wenn du mit deiner Partnerin und deinem Baby den ganzen Tag unterwegs bist und es viele neue Eindrücke sammelt.

Sicher ist es wichtig, dass dein Baby neue Eindrücke sammelt und Erfahrungen macht, um wachsen zu können, doch wie sagt man so schön: „Die Menge macht das Gift!“. Achte darauf, dass es nicht zu viel wird, denn sonst kann es zu den abendlichen Schreiphasen kommen, in welchen das Baby durch Schreien und Weinen die ganzen Reize verarbeitet.

Es kann seine Gefühle nicht in Worte fassen und nicht darüber reden, was es bewegt und muss aus diesem Grund auf das einzige Kommunikationsmittel zurückgreifen, welches ihm zur Verfügung steht: das Schreien.

Das kannst du tun

Verarbeitet dein Baby die vielen Reize, kannst du das Schreien nicht einfach so stoppen. Lasse deinem Baby die Zeit, die es braucht, um das Erlebte verarbeiten zu können.

Du kannst ihm aber unter anderem helfen, indem du:

- es fest im Arm hältst.
- es dir in das Tragetuch oder in die Trage binden, um es so ganz nah bei dir zu halten.
- dir das Baby so auf den Bauch legen, dass es deinen Herzschlag hört – ein Geräusch, von welchem es im Bauch der Mutter die ganzen 10 Monate hinweg umgeben war.
- du sanft mit ihm redest oder ihm sanft vorsummst.

Interessant!

Um zu lernen, wie sich ein Tragetuch am besten binden lässt, kannst du dich direkt an die Hebamme deiner Partnerin wenden, oder eine Trageberatung in Anspruch nehmen. Dafür kommen Trageberater/innen gerne zu dir nach Hause, bringen verschiedene Tragetücher und Tragen mit und führen dich in die Welt des Tragens ein.

Das Baby hat Bauchschmerzen

Vor allem in der Zeit unmittelbar nach der Geburt ist es nicht selten, dass das Baby unter Bauchschmerzen aufgrund von Blähungen leidet. Während es im Bauch der Mutter über die Nabelschnur mit allen wichtigen Nährstoffen versorgt wurde und nur ab und an einen Schluck des Fruchtwassers getrunken hat, muss es sich nun voll und ganz über die Milch ernähren.

Der Darm muss sich erst daran gewöhnen, die Nahrung zu verdauen, sodass es durchaus dazu kommen kann, dass das Baby unter Blähungen und Bauchschmerzen leidet.

Es kann aber auch sein, dass es beim Stillen oder beim Trinken an der Flasche zu viel Luft eingesaugt hat und die Luft nun im Magen drückt.

Daran erkennst du, dass dein Baby aufgrund von Bauchweh schreit:

- Es zieht seine Beine immer wieder an
- Es windet sich beim Schreien
- Es ist unruhig und dreht sich hin und her

Das kannst du tun

Es gibt nichts Schlimmeres, als das eigene Kind leiden zu sehen. Am liebsten würdest du direkt die Schmerzen deines Kindes auf dich nehmen. Da dies aber nicht geht, kannst du deinem Baby auf andere Art und Weise helfen:

- **Bewege die Beine deines Kindes!**
  Lege dein Baby auf den Rücken und bewege die Beine abwechselnd sanft in die Richtung des Bauches und dann wieder zurück. Die Bewegung ähnelt in etwa der, wie sie beim Fahrradfahren durchgeführt wird. So regst du den Darm an und es kann sein, dass der festsitzende Pups endlich rauskommt.
- **Massiere den Bauch!**
  Um die Verdauung deines Babys anzuregen, kannst du den Bauch auch massieren, indem du ihn mit etwas Oliven- oder auch Mandelöl sanft einreibst und dann etwas Tropfen hochwertiges Kümmelöl darauf verteilst. Massiere ohne großen Druck immer am besten im Uhrzeigersinn.
- **Nehme dein Baby in den Fliegergriff!**
  Der Fliegergriff kann nicht nur bei Bauchschmerzen helfen, sondern hilft oft, wenn das Baby schreit und man nicht weiß, was es genau hat. Lege dein Baby mit dem Bauch nach unten auf deinen Unterarm, sodass der Kopf auf deinem Oberarm und der Körper des Babys auf deinem Unterarm liegt.
  Nehme die zweite Hand mit zur Hilfe, um den Popo zu stützen.

Das Baby ist übermüdet

Es kann sein, dass dein Baby aufgrund vieler neuer Eindrücke und Reize nicht ausreichend geschlafen hat und nun schlicht und ergreifend übermüdet ist. Aus diesem Grund solltest du überprüfen, ob nicht vielleicht die Übermüdung des Babys der Grund für die Schreiphase am Abend sein kann.

Anzeichen für die Müdigkeit des Kindes

Dass dein Baby müde ist, erkennst du daran, dass es:

- Die Augen reibt.
- Gähnt.
- Die Brust sucht.

Nehme diese Anzeichen ernst und schaffe eine ruhige Atmosphäre, um dein Baby zum Schlafen zu bringen.

Interessant!

Vor allem in den ersten Wochen direkt nach der Geburt schlafen Babys sehr viel und brauchen auch in den folgenden Monaten mindestens 2 bis 3 Stunden Schlaf täglich (manche Babys sogar mehr!)

Das kannst du tun

Achte auf die Anzeichen der Müdigkeit, lerne in etwa den Schlafrhythmus deines Babys kennen und sorge dafür, eine ruhige und entspannte

Atmosphäre zu schaffen, sodass das Baby in dieser schlafen und sich erholen kann, ohne von zu vielen Reizen überflutet zu werden.

Entlaste deine Partnerin zur Schlafenszeit, wenn sie das Baby in den Schlaf stillt und übernehme das Kochen, das Aufräumen oder auch den Abwasch, sodass sie das Baby schlafen legen kann. Alternativ kannst auch du dich mit dem Baby ins Bett legen oder es dir in die Trage binden und eine Runde spazieren gehen, sodass es schläft.

Das Baby befindet sich in einem Wachstumsschub

Vor allem im ersten Lebensjahr wachsen Babys sehr schnell und viel. Hast du einmal nicht geschaut, ist es auch schon aus seinem Body herausgewachsen, welcher vor einigen Wochen noch viel zu groß war…

Babys wachsen dabei aber nicht nur in der Körpergröße, sondern sie wachsen auch mental und haben somit körperliche und mentale Wachstumsschübe.

Das kannst du tun

In der Regel wollen Babys, wenn sie im Wachstumsschub sind, noch mehr gestillt werden als sonst. Alles, was du in diesem Fall tun kannst ist es, deine Partnerin zu unterstützen, wo du nur kannst und ihr den Raum zu schaffen, welchen sie braucht, um die Bedürfnisse eures Babys rundum erfüllen zu können.

Was ist ein Schreibaby und woran erkenne ich, dass mein Baby ein Schreibaby ist?

Wie du nun weißt, ist es vollkommen normal, dass Babys schreien und weinen, um zu kommunizieren und auch Erlebnisse zu verarbeiten. Allerdings stellt sich die interessante Frage danach, was ein Schreibaby ist, wann ein Baby als Schreibaby bezeichnet wird und, was man in diesem Fall machen kann.

Dass dein Baby viel weint oder jeden Abend Schreiphasen hat, heißt nicht, dass es ein Schreibaby ist. Ein Schreibaby erkennt man daran, dass das Kind mehrmals am Tag über einen längeren Zeitraum hinweg (oft mehrere Stunden) ununterbrochen weint und sich auf keine Art und Weise beruhigen lässt.

Das kannst du tun

Ist dein Baby ein Schreibaby, solltest du dir in aller erster Linie immer und immer wieder vor Augen führen, dass weder du noch deine Partnerin als Eltern verantwortlich für das Schreien und das Weinen seid!

Denn, so gerne an der Stelle dieser Zeilen nun ein hilfreicher Tipp stehen würde, muss der nackten Wahrheit ins Auge geblickt werden: Es kann nicht viel gemacht werden.

Was du tun kannst ist:

- dir Hilfe bei Freunden und Verwandten zu holen, welche dein Baby halten und begleiten, während es schreit, sodass du einmal etwas durchatmen kannst.

- dir Ohrstöpsel in die Ohren zu stecken, um das Schreien zu dämpfen.
- den Stress für das Baby so gering wie möglich zu halten und eine ruhige Atmosphäre zu schaffen.
- das Baby warm zu baden oder auch mit einem Massageöl für Kinder zu massieren.
- das Aufsuchen einer Schreiambulanz, wenn das Gefühl hast, dass du nicht mehr mit der Situation zurechtkommst. In einer solchen Schreiambulanz kann dir, deiner Partnerin und deinem Baby geholfen werden.

Interessant!

Auch, wenn es nicht den Anschein haben sollte, weil das Baby auch in deinem Arm weiterhin schreit – es braucht deinen Körperkontakt und es macht einen großen Unterschied, ob es deine Nähe spürt oder alleine gelassen wird, während es schreit.

Hält dein Nervenkostüm das andauernde Schreien nicht aus, hole dir Hilfe, sodass immer jemand für dein Baby da ist und es nicht alleine gelassen wird. Niemals, unter keinen Umständen darf dein Baby geschüttelt werden!

Schlafe mein Kindlein schlafe ein

Auch, wenn Kinder vor allem in den ersten Wochen und Monaten nach der Geburt ein sehr hohes Schlafbedürfnis haben, heißt das nicht, dass es auch wirklich schläft, wenn es müde ist. Aus diesem Grund stellen sich viele Eltern die Frage, mit welchen Tipps und Tricks sie das Baby am besten zum Schlafen bringen können.

Zunächst einmal ist in dem Zusammenhang mit dem Schlafen anzumerken, dass es für dein Wohl und das Wohl deiner Partnerin wichtig ist, immer dann zu schlafen, wenn das Baby schläft.

Zwar bekommen Babys bereits im Inneren des Bauches der Mutter einen gewissen Tages-Nacht-Rhythmus, allerdings kann es durchaus vorkommen, dass die Tage lang und die Nächte kurz werden, wenn das Baby auf der Welt ist.

Also: Wenn du die Möglichkeit dazu hast, solltest du immer dann schlafen, wenn auch das Baby schläft und die anderen Arbeiten zu einem späteren Zeitpunkt machen.

Tipps und Tricks, um dein Baby besser zum Schlafen zu bringen

Um dein Baby besser auf die Nacht und auf das Schlafen vorbereiten zu können, ist es ganz wichtig, bestimmte Rituale einzuführen, an welche sich dein Baby gewöhnen und anhand welcher es feststellen kann, dass es bald Zeit ist, Schlafen zu gehen.

Wenn du die Routine ein paar Mal gemeinsam mit deiner Partnerin durchgeführt hast, wird sich das Kind an den Ablauf erinnern und sich somit auf das Schlafengehen vorbereiten und einstellen können.

Aus diesem Grund ist es wichtig, vor dem Schlafengehen folgende Tipps und Tricks zu beachten:

- Zur Ruhe zu kommen und keine aufregenden Erlebnisse mehr in den Tagesablauf zu integrieren. Es sollte so auch nicht mehr gemeinsam mit dem Baby in den Supermarkt gegangen werden, wo es mit vielen Reizen konfrontiert wird.
- Den Fernseher ausschalten, um auch die Reize dieser Quelle auszuschließen.
- Eine allgemein ruhige und entspannte Atmosphäre schaffen.
- Lege dich zu deinem Baby und begleite es in den Schlaf, ohne es Schreien zu lassen oder zwanghaft dazu zu bewegen, alleine einzuschlafen. Dein Baby braucht deine Anwesenheit oder die Anwesenheit deiner Partnerin, um beruhigt und ohne Probleme einschlafen zu können.

Interessant!

Natürlich kann es vorkommen, dass das Baby in der Nacht aufwacht, weil die Windeln voll sind oder weil es Hunger hat. In diesem Fall ist es natürlich wichtig, dass die Windeln gewechselt werden oder das Baby etwas zu Essen bekommt. Doch um das Einschlafen hinterher zu erleichtern, ist es wichtig, das alles bei gedämmtem Licht zu machen, indem beispielsweise nur eine Nachtlampe eingeschaltet wird.

Veränderung der Partnerschaft

Die Partnerschaft verändert sich nicht nur mit der Geburt deines Babys, sondern bereits während der Schwangerschaft, dem Hormonchaos bei deiner Partnerin und auch der körperlichen Veränderung, verändern sich bereits einige Dinge.

Wichtig ist, dass du das Wort „Veränderung“ nicht im negativen Sinn siehst, sondern ihm mit einer positiven Einstellung gegenübertrittst. Natürlich ist es immer aufregend und ungewiss, wenn du nicht weißt, was genau auf dich zukommt, und wenn du dich erst an neue Situationen gewöhnen musst, doch diese Art der Veränderung, welche vor dir und deiner Partnerin steht, steckt voller neuer Erfahrungen, Erkenntnisse und Bereicherungen.

Während du und deine Partnerin erst ein Paar ward und nur auf euch selbst schauen musstet, voll und ganz für euch da sein und euch auf euch konzentrieren konntet, steht mit dem positiven Schwangerschaftstest fest, dass das bald nicht mehr so sein wird.

Der Körper der Frau verändert sich, die Hormone könnten dafür sorgen, dass sie sich nicht mehr gerne von dir anfassen lassen möchte, keine Lust mehr auf Sex hat oder dich, im wahrsten Sinne des Wortes nicht mehr riechen kann.

Nach der Geburt wird sich deine Partnerin vermehrt auf das Baby konzentrieren, es stillen, mit ihm kuscheln und eine Beziehung zu ihm aufbauen, was nicht bedeutet, dass du zur Nebensache geworden bist.

Ihr seid nun einmal nicht mehr nur zu zweit, sondern ihr seid Eltern und habt ein kleines Kind, um welches ihr euch kümmern müsst.

Wachst gemeinsam an der neuen Situation, lernt euch neu kennen und erfahrt, wie ihr als kleine Familie zusammenwachsen und euch aufeinander einspielen könnt.

Vor allem die erste Zeit nach der Geburt ist besonders intensiv, da sich deine Partnerin sehr stark auf euer Baby fokussieren und konzentrieren wird. Mache ihr das nicht zum Vorwurf, sondern nehme es zum Anlass auch eine Bindung zu deinem Baby aufzubauen und sie so gut, wie es geht, zu unterstützen.

Haben sich Mutter und Kind und auch du und das Kind aufeinander eingespielt, könnt ihr euch wieder darauf konzentrieren, eure Partnerschaft zu pflegen:

- Fragt Oma und Opa, ob sie auf das Baby aufpassen und geht gemeinsam aus.
- Bereite zu Hause ein romantisches Candle-Light-Dinner vor.

Interessant!

Während der Schwangerschaft können du und deine Partnerin Sex haben, sofern keine Risiko-Schwangerschaft vorliegt oder die werdende Mutter keine Lust hat. Nach der Schwangerschaft dauert es ebenfalls einige Zeit, bis sich die Frau wieder bereit für Sex fühlt. Dränge sie auf keinen Fall und warte ab, bis sie vollkommen bereit dazu ist. Intimität könnt ihr auch durch Kuscheln und Romantik erleben.

Karriere & Kind

Die Frau bleibt mit dem Kind zu Hause und der Mann geht arbeiten, um das Geld heranzuschaffen! – Stopp! Willkommen im 21. Jahrhundert!

- dem Jahrhundert, in welchem auch Männer Elternzeit nehmen können, um sich dem Baby zu widmen.
- dem Jahrhundert, in welchem auch Frauen wieder zurück in den Beruf gehen, um sich selbstverwirklichen zu können.
- dem Jahrhundert, in welchem sich Kind und Karriere gut miteinander vereinen lassen.

Interessant!

Zwar haben Frauen oft einen ausgeprägten Mutterinstinkt, was aber nicht bedeutet, dass sie ihre Erfüllung rein im Muttersein finden. Viele Frauen legen heute einen großen Wert darauf die Karriere und Kindererziehung miteinander zu verbinden, weshalb auch du als Vater in diesem Zusammenhang gefragt bist. Lange sind die Zeiten vorbei, in welchen die Kindererziehung der Frau und das Geldverdienen dem Mann zugeordnet wird.

Du und deine Partnerin habt euch gemeinsam dazu entschlossen, ein Kind zu bekommen. Aus diesem Grund liegt es nicht alleine in der

Verantwortung deiner Partnerin, ihre Karriere und die Erziehung eures Kindes unter einen Hut zu bekommen, sondern es liegt auch an dir, die Karriere mit der Kindererziehung zu kombinieren.

So gelingt das Jonglieren von Karriere und Kind

Um Kind und Karriere unter einen Hut zu bekommen und miteinander jonglieren zu können, ist einiges an Organisation erforderlich, was vielleicht eine Herausforderung sein kann, jedoch kein Hindernis an und für sich darstellt. Du und deine Partnerin könnt an diesen Hindernissen wachsen und gemeinsam die Karriere und das Kind miteinander vereinbaren und einen Rhythmus finden, welcher für euch passt.

Diese Möglichkeiten hast du

- Elternzeit, die sowohl deine Partnerin als auch du nehmen könnt. Ihr könnt sie gemeinsam oder auch abwechselnd nehmen.
- Kinderbetreuung, welche bereits für Kinder unter einem Jahr angeboten wird. Auch, wenn das Thema der „Früh-Fremdbetreuung" von vielen Menschen als kritisch angesehen wird, ist es für einige Eltern fundamental, dass es dieses Angebot gibt.

- Die Großeltern oder andere Verwandten, welche als Babysitter einspringen können, wenn du und deine Partnerin nicht wollen, dass euer Baby fremdbetreut wird.
- Co-Working-Spaces, in welchen die Kinder miteinander spielen und Eltern arbeiten können. Das ist vor allem für Selbstständige eine gute und interessante Option.

Gesundheitschecks/U-Untersuchungen im 1. Jahr

Dein Baby wird, nachdem es auf die Welt gekommen ist, umfangreich im Krankenhaus untersucht, um sicherstellen zu können, dass es gesund ist und, dass es ihm gutgeht.

Um sicherstellen zu können, dass es deinem Baby auch weiterhin gut geht und, dass es sich gut entwickelt, wird es in regelmäßigen Abständen von einem Kinderarzt in der Form von U-Untersuchungen untersucht.

Im ersten Lebensjahr gibt es 6 U-Untersuchungen, welche in bestimmen Lebensabschnitten des ersten Lebensjahres des Kindes stattfinden sollten.

Nur so können mögliche Anzeichen auf einige Krankheiten direkt und frühzeitig erkannt werden und es können die entsprechenden Maßnahmen für die Behandlung eingeleitet werden.

Außerdem kann der Arzt nur, wenn die Untersuchungen zum richtigen Zeitpunkt stattfinden, die Entwicklungsschritte des Kindes beurteilen und feststellen, ob sich dein Baby gut und angemessen entwickelt.

U1	direkt nach der Geburt (findet somit in der Regel noch direkt im Krankenhaus statt)
U2	Zwischen 3. und 10. Lebenstag
U3	Zwischen 4. und 5. Lebenswoche
U4	Zwischen 3. und 4. Lebensmonat
U5	Zwischen 6. und 7. Lebensmonat
U6	Zwischen 10. und 12. Lebensmonat

Was wird bei den U-Untersuchungen eigentlich genau gemacht?

Im Grunde genommen, prüft der Arzt in dem Rahmen der U-Untersuchung, auf welchem Entwicklungsstand sich dein Baby befindet und inwiefern es geistige und auch motorische Fortschritte gemacht hat.

Die Ergebnisse werden dann immer in einem U-Untersuchungs-Heft festgehalten, sodass der Entwicklungsstand des Babys von Untersuchung zu Untersuchung verglichen und bewertet werden kann.

Interessant!

Zwar wird manchmal auch in dem Rahmen der U-Untersuchungen geimpft, weil der Kinderarzt den Termin für die Untersuchung und den Termin für das Impfen auf einen Tag gelegt hat, doch grundsätzlich ist das Impfen des Kindes kein Bestandteil der U-Untersuchungen!

Was wird nun genau bei den U-Untersuchungen gemacht?

- Das Kind wird gemessen.
- Das Kind wird gewogen.
- Die motorischen Fähigkeiten, wie Greifen, Krabbeln und Laufen werden beurteilt.
- Das Kind wird auf mögliche Anzeichen einer Krankheit untersucht.
- Die Lage der Hüfte wird überprüft und möglicherweise mit einer zusätzlichen Untersuchung nachkontrolliert.
- Das Kind wird bei den späteren U-Untersuchungen bezüglich des sprachlichen Fortschrittes untersucht.

Sind die U-Untersuchungen verpflichtend?

An und für sich sind die U-Untersuchungen beim Kinderarzt nicht verpflichtend – bis auf drei Bundesländer, in welchen die Untersuchungen, zumindest die im ersten Lebensjahr des Kindes, verpflichtend sind. Es handelt sich um Bayern, Hessen und Baden-Württemberg.

Interessant!

Auch, wenn die U-Untersuchungen nicht verpflichtend sind, schaltet sich oft das Jugendamt oder das Gesundheitsamt ein, wenn die Untersuchungen einfach nicht durchgeführt werden. Schließlich wird bei den Terminen auch immer sichergestellt, dass das Kindeswohl nicht gefährdet wird und das Baby rundum wohlauf ist.

Diese Formalitäten sind in der Schwangerschaft und nach der Geburt wichtig

Die meisten Formalitäten, welche nach der Geburt erledigt werden müssen, können bereits in der Schwangerschaft vorbereitet werden. Diese Chance sollten du und deine Partnerin nutzen, da es nach der Geburt viele andere Dinge zu tun gibt und ihr alle Zeit der Welt brauchen könnt, um euch als kleine Familie aufeinander einzuspielen.

Die Geburtsurkunde

Die Grundlage für nahezu alle Leistungen und anderen Formalitäten ist die Geburtsurkunde des Babys.

Diese wird im Standesamt, welches für deinen Bezirk zuständig ist, innerhalb einer Woche nachdem dein Baby auf die Welt gekommen ist, beantragt.

Für diese Zwecke brauchst du:

- die Geburtsurkunden von dir und deiner Partnerin und eure Eheurkunde. *Solltest du nicht mit deiner Partnerin verheiratet sein, brauchst du die Vaterschaftsanerkennung und die Sorgeerklärung.*
- Ausweis oder Pässe beider Elternteile
- Die vom Krankenhaus oder der Hebamme ausgestellte Bescheinigung über die Geburt

Die Vaterschaftsanerkennung und die Sorgeerklärung

Diese Formalität betrifft dich nur, wenn du nicht mit deiner Partnerin verheiratet sein solltest.

In der Regel werden die Vaterschaftsanerkennung und die Sorgeerklärung in einem Wisch mit einem Termin beim Standesamt, Jugendamt oder Notar erledigt.

Am besten begibst du dich bereits während der Schwangerschaft gemeinsam mit deiner Partnerin zu der entsprechenden Stelle, um die Vaterschaft anzuerkennen und das Sorgerecht zu 50 Prozent zu erhalten. (Bei verheirateten Paaren ist dies vollkommen automatisch und bedarf keiner zusätzlichen Formalität)

Interessant!
Stimmt die werdende Mutter weder der Vaterschaftsanerkennung noch der Sorgerechtserklärung zu, kannst du dich an ein Familiengericht wenden und deine Rechte dort einklagen.

Du brauchst:

- Den Personalausweis oder Reisepass beider Eltern
- Die Geburtsurkunde von dir und deiner Partnerin
- Einen Nachweis über das Datum, zu welchem dein Kind auf die Welt kommen soll. (Nach der Geburt reicht die Geburtsurkunde)

- Geld, da sich die Kosten für die Vaterschaftsanerkennung in der Regel auf circa 30 Euro belaufen.

In der Regel wird erst die Vaterschaftsanerkennung durchgeführt, da diese eine wichtige Voraussetzung für die Sorgerechtserklärung ist.

Das Kindergeld

Kindergeld bekommst du bis zu der Vollendung des 18. Lebensjahr deines Kindes monatlich ausgezahlt. Aktuell liegt die Höhe für ein Kind bei 219 Euro im Monat.

Zwar bekommst du das Kindergeld nachträglich ausgezahlt und kannst den Antrag auch nachträglich stellen und die Zahlungen somit bis zu sechs Monate rückwirkend bei der Familienkasse beantragen, dennoch ist es empfehlenswert, den Antrag bereits vor der Geburt vorzubereiten und dann direkt zu stellen.

Du brauchst:

- das Formular KG1 aus dem Internet
- die Geburtsurkunde
- die Steueridentifikationsnummer von dir, deiner Partnerin und deinem Baby (kann erst nach der Geburt beim Finanzamt beantragt werden).

Die Elternzeit

Sowohl du als auch deine Partnerin können Elternzeit bei eurem jeweiligen Arbeitgeber beantragen. Die Frau macht dies am besten während der Zeit des Mutterschutzes und du mindestens sieben Wochen bevor du in Elternzeit gehen willst.

Es reicht dafür ein formloses Schreiben aus, in welchem du festhältst, wie lange du vorhast in Elternzeit zu gehen. Es stehen dir insgesamt 24 Monate zu.

Um genau zu sein, können beide Elternteile (auch gleichzeitig) bis zu 3 Jahre Elternzeit nehmen. Allerdings ist das, vor allem in dem Falle des Mannes, eher ungewöhnlich, drei Jahre Elternzeit zu nehmen.

Das Elterngeld

Nur weil du in Elternzeit bist, bekommst du nicht automatisch Elterngeld. Das muss separat bei der für dich zuständigen Elterngeldstelle beantragt werden.

Lasse dir am besten von einer Beratungsstelle beim Ausfüllen des Formulars helfen, welche dich auch berät, wer von den beiden Partnern das Elterngeld am besten beantragen sollte, um finanziell abgesichert zu sein. Denn, es kann immer nur ein Elternteil Elterngeld beantragen, während Elternzeit auch gemeinsam genommen werden kann.

Das brauchst du:

- die Geburtsurkunde von deinem Kind
- Nachweise deines Einkommens als Selbstständiger
- Gehaltsnachweise als Angestellter

So kannst du deine Partnerin am besten unterstützen

Eine wichtige Frage, welche sich viele Männer in der Schwangerschaft ihrer Partnerin oder auch nach der Geburt stellen, ist die Frage danach, wie sie die Partnerin am besten unterstützen können.

Schließlich ist es der Körper der Frau, in welchem das Baby wächst und es ist die Frau, welche das Baby auf die Welt bringt.

Das heißt jedoch nicht, dass der Mann nichts machen kann und vollkommen hilflos danebensteht, während die Frau von den Hormonen übernommen wird, der Bauch wächst und unter der Geburt große Schmerzen erleidet.

Allerdings gibt es viele Dinge, welche du als Partner machen kannst, um die werdende Mutter deines ungeborenen Babys zu unterstützen:

1. Sei einfach da. Wenn sie weint, wenn sie lacht, wenn sie Weltschmerz hat und durcheinander ist – sei da und bringe Verständnis für sie auf, wenn sie selbst nicht versteht, was eigentlich los ist.
2. Begleite sie mit zum Frauenarzt und anderen wichtigen Terminen, wie zum Beispiel dem Geburtsvorbereitungskurs etc.
3. Unterstütze sie bei der Ernährung, koche für euch, gehe einkaufen und ernähre dich wie sie, wenn sie die Diagnose

„Schwangerschaftsdiabetes“ bekommt und demnach eine spezielle Diät einhalten und verfolgen muss.

4. Motiviere sie zur Bewegung, gehe mit ihr spazieren oder schwimmen.
5. Sage ihr immer wieder, wie wunderschön sie ist. Vor allem in dem ersten Drittel der Schwangerschaft und auch gegen Ende fühlen sich Frauen oft unattraktiv.
6. Spreche sie nie darauf an, dass sie zugenommen hat. Das ist bereits im nicht-schwangeren Zustand einer Frau ein waghalsiger Schritt – kann bei einer schwangeren und von Hormonen getriebenen Frau wirklich schlimm für dich enden…
7. Gehe nachts zur Tankstelle oder zum Nachtsupermarkt, wenn sie auf einmal Lust auf ein ganz bestimmtes Lebensmittel bekommen sollte.
8. Höre ihr zu, wenn sie ihrer Wut oder ihrer Trauer freien Lauf lässt, sei für sie da, wenn sie über Ängste redet, spiele ihre Gefühle nicht runter, hilf ihr aber zu derselben Zeit runterzukommen. (Aber bitte nicht mit dem Satz: „Komm mal runter!“ oder „Entspann dich mal!“)
9. Koche für deine Partnerin, während sie das Baby stillt, räume auf oder massiere sie, falls sie angespannt sein sollte.
10. Nehme das Baby in das Tragetuch und kümmere dich um es, damit deine Partnerin entspannen und schlafen kann.
11. Kümmere dich um die Verwandten und Freunde und übernehme es, die Besuche zu timen und zu koordinieren.

12. Sage ihr, dass sie eine tolle Mama ist. Vor allem in der Anfangszeit haben viele Frauen Angst, etwas falsch zu machen. Umso wichtiger ist guter Zuspruch.

Alles in allem ist die Geburt eine aufregende und spannende Zeit – sowohl für die Frau als auch für dich als Mann und werdender Vater. Es gibt nicht die eine goldene Regel, an welcher du dich orientieren kannst, doch es gibt viele Tipps und Tricks, wie die aus diesem Ratgeber, an welchen du dich orientieren kannst, um deinen ganz persönlichen Weg zu finden – gemeinsam natürlich mit deiner Partnerin und deinem Baby.

Haftungsausschluss

Die Umsetzung aller enthaltenen Informationen, Anleitungen und Strategien dieses (E-)Books erfolgt auf eigenes Risiko. Für etwaige Schäden jeglicher Art kann der Autor aus keinem Rechtsgrund eine Haftung übernehmen. Für Schäden materieller oder ideeller Art, die durch die Nutzung oder Nichtnutzung der Informationen bzw. durch die Nutzung fehlerhafter und/oder unvollständiger Informationen verursacht wurden, sind Haftungsansprüche gegen den Autor grundsätzlich ausgeschlossen. Ausgeschlossen sind daher auch jegliche Rechts- und Schadensersatzansprüche. Dieses Werk wurde mit größter Sorgfalt nach bestem Wissen und Gewissen erarbeitet und niedergeschrieben. Für die Aktualität, Vollständigkeit und Qualität der Informationen übernimmt der Autor jedoch keinerlei Gewähr. Auch können Druckfehler und Falschinformationen nicht vollständig ausgeschlossen werden. Für fehlerhafte Angaben vom Autor kann keine juristische Verantwortung sowie Haftung in irgendeiner Form übernommen werden.

Urheberrecht

Impressum

2021

1. Auflage

Kontakt: W&W GbR, Obere Schmiedgasse 28, 90403 Nürnberg

Printed in Poland
by Amazon Fulfillment
Poland Sp. z o.o., Wrocław

27236146R00090